AF452471

HISTOIRE

DES NAUFRAGES

QUI

ONT DÉSOLÉ LA MARINE FRANÇAISE

COMPRENANT

celui de la Méduse, position difficile de l'Astrolabe et
la prise de Mogador en 1845.

PAR EBBARR,

Lieutenant de vaisseau.

PARIS

BERNARDIN-BÉCHET, LIBRAIRE

Quai des Grands-Augustins, 31

—

1857

HISTOIRE

DES

NAUFRAGES.

———◆◆———

NAUFRAGE ET AVENTURES

De Madame Godin des Odonais, sur la rivière des Amazones, en 1769.

Monsieur Godin des Odonais avait été envoyé au Pérou, en compagnie de monsieur de La Condamine, Bouger et Godin, sous le règne de Louis xv par monsieur de Maurepas ; il se fixa dans ces contrées lointaines, à Quito, où il s'établit avec sa famille.

Forcé de se rendre à Cayenne pour ses affaires, il laissa sa femme à Quito, lui promettant de la venir chercher aussitôt qu'il le pourrait, pour transporter leur établissement définitif à Cayenne.

Plusieurs années se passèrent sans qu'il pût mettre sa promesse à exécution ; il entreprit enfin de tourner à

Quito; mais il tomba malade en route, à trente lieues de Cayenne.

Il chargea un nommé Tristan d'Orca-faval de continuer la route à sa place, et de lui ramener sa femme.

Nous laissons M. Godin raconter lui-même ces phases diverses des aventures de sa femme.

Tristan partit d'Oyapock où était M. Godin, le 24 janvier 1766. La commission dont il était chargé consistait uniquement à remettre au supérieur de la mission de la Laguna, chef-lieu des missions espagnoles de Maïnas, mes diverses lettres pour Riobamba; il devait ensuite attendre la réponse de Riobamba à Laguna. Arrivé à Lorette, premier établissement espagnol, construit alors depuis peu, le navire portugais s'arrêta suivant ses instructions, et après avoir mis Tristan à terre, il s'en retourna à Tavatinga, dernier établissement portugais, pour y attendre l'arrivée de madame Godin. Tristan au lieu de se rendre à la Laguna, remit le paquet à un mission-naire espagnol qui retournait à Quito, c'est-à-dire que, pour s'épargner cinq ou six journées de chemin, il envoya les lettres de M. Godin à cinq cents lieues au-delà de la Cordillière des Andy. Pendant que les lettres voyageaient, il faisait le commerce dans les Missions portugaises.

Madame Godin apprit vaguement ce qui se passait; elle sut qu'un bâtiment portugais devait la transporter à Cayenne, et que des lettres à son adresse avaient été remises à un jésuite. Son frère, qui était religieux de Saint-Augustin, agit vivement auprès du provincial des jésuites pour retrouver les lettres; le paquet ne se retrouva point; le jésuite qui l'avait reçu de Tristan, prétendit l'avoir remis à un autre, celui-ci à un troisième qui s'excusa de la même manière. Privée des instructions de son mari, madame Godin ne savait trop quel parti prendre; car les uns croyaient à l'arrivée, à Lorette, de la galiote portugaise; d'autres soutenaient que la chose n'était ni vraie, ni vraisemblable. Pouvait-on, sans avoir quelque certitude, entreprendre un voyage de quinze cents lieues, mettre ordre aux affaires, recouvrer des créances, vendre les meubles, etc.? c'était beaucoup hasarder. Pour savoir à quoi s'en tenir, madame Godin prit le parti d'envoyer aux Missions son nègre Joachim, dont elle connaissait l'intelligence et la fidélité.

Le nègre partit accompagné de quelques Indiens; mais il fut arrêté en chemin et obligé de retourner près de sa maîtresse, qui l'envoya de nouveau, mais avec plus de précautions. Joachim arriva non sans peine à Lorette, où il vit Tristan qui lui confirma tout ce qui avait été rapporté à madame Godin.

Celle-ci alors se détermina à partir, vendit ce qu'elle put de ses meubles, et laissa le reste à son beau-frère ainsi que sa maison de Riobamba, ses terres et son jardin. Trois ans s'écoulèrent entre l'arrivée de Tristan à Lorette, et le départ de madame Godin. Il fallut tout ce temps pour éclaircir les premiers bruits qui avaient couru dans la provinces de Quito, pour la recherche du paquet, égaré ou retenu par les jésuites, les deux voyages du nègre et enfin les préparatifs du voyage. Ce fut seulement le 1ᵉʳ octobre 1769 que madame Godin partit de Riobamba, à quarante lieues au sud de Quito.

Un Français se disant médecin, qui

allait à Panama ou à Portobello, cherchant les moyens de passer à la Hava-
ne, à Saint-Domingue ou à la Martinique et de là en Europe, avait appris à
Guyaquir le prochain départ d'une dame
française par la rivière des Amazones.
Changeant aussitôt de route, il s'était
rendu à Riobamba, et avait demandé le
passage à madame Godin. Celle-ci avait
d'abord répondu qu'elle ne pouvait pas
disposer du bâtiment. Le médecin eut
recours aux frères de cette dame, et obtint d'elle par eux la faveur qu'il de-
mandait.

Madame Godin partit de Riobamba
avec sa famille, ses domestiques, le médecin français et ses deux frères, dont
l'un se rendait à Rome pour les affaires
de son ordre, et l'autre en Espagne pour
les siennes. M. de Grandmaison, père de
cette dame, allait en avant pour que la
marché de sa fille ne fût pas entravée par
le défaut d'équipages. Comme il savait
qu'elle était accompagnée de sept à huit
personnes, il n'eut point d'inquiétude
et poussa jusqu'aux Missions portugaises.
Cependant la petite caravane devait s'embarquer à Canélos, sur la rivière de Bo-

bonada qui se décharge dans celle de Pastala, affluent des Amazones. Le village de Canélos avait été abandonné de ses habitants à cause de la petite vérole qui venait d'y exercer de grands ravages : ils s'étaient tous retirés dans les bois.

La route de Riobamba à Canélos est extrêmement difficile; elle n'est praticable que pour les gens à pied. Madame Godin avait loué une trentaine d'Indies porteurs, tant pour elle et les siens que pour le transport de ses équipages. Arrivés à Canélos, ils désertèrent tous, soit qu'ils craignissent qu'on ne les fît embarquer, soit qu'ils fussent effrayés de la contagion. Madame Godin avait eu le tort de les payer d'avance. On ne trouva dans le village que deux Indiens, encore étaient-ils sans canot. Ils promirent à Madame Godin d'en faire un et de la conduire à la Mission d'Andoas, douze journées plus bas en descendant la rivière de Babonada, distance qu'on peut évaluer à cent quarante ou cent cinquante lieues; elle fit encore la faute de payer d'avance les deux Indiens. Deux jours après ils avaient disparu, et la troupe fut obligée de se rembarquer sans guide.

La première journée, après le départ des deux Indiens, se passa sans accident; le lendemain, vers midi, on fit rencontre d'un canot arrêté dans un petit port voisin d'un carbet. (1) Il y avait un Indien convalescent qui consentit à les accompagner et à tenir le gouvernail. Le troisième jour, le chapeau du médecin tomba dans l'eau; le malheureux Indien, voulant le prendre, y tomba lui-même, et, entraîné par le courant, il n'eut pas la force de gagner le rivage, et il se noya sans qu'on pût lui donner le moindre secours. Le canot n'étant plus gouverné ne tarda pas à se remplir d'eau. Ceux qui le montaient se hâtèrent de le pousser à terre, où, étant descendus, ils construisirent un carbet.

Ils n'étaient qu'à cinq ou six journées d'Andoas. Le médecin offrit de s'y rendre; il partit avec le nègre Joachim; il avait eu soin d'emporter ses effets. Il promit en partant qu'avant quinze jours on aurait un canot et des Indiens. Au lieu de quinze jours, madame Godin en attendit vingt-cinq; au bout de ce temps, n'ayant point d'espérance de ce côté, ceux qui étaient restés près d'elle prirent le parti de construire un radeau; ils y placèrent quelques vivres, quelques effets, et ils s'abandonnèrent au courant de la rivière. Ce radeau, aussi mal conduit qu'il pouvait l'être par des gens tout-à-fait étrangers à la manœuvre, heurta contre un tronc d'arbre et se renversa. Les effets se perdirent et tout le monde tomba dans l'eau. La rivière n'était par bonheur ni large, ni rapide; personne ne périt; madame Godin plongea deux ou trois fois, mais à la fin ses frères la sauvèrent.

Quand on se fut un peu remis de la frayeur qu'on avait eue, on résolut de suivre à pied le bord de la rivière. C'était l'entreprise la plus téméraire; mieux eût valu cent fois faire encore l'essai d'un radeau. En général les bords de toutes les rivières de cette partie de l'Amérique sont couverts d'un bois fourré d'herbes, d'arbustes et de troncs, où l'on ne peut se faire jour qu'avec la cognée et la hache et en perdant beaucoup de temps. Les voyageurs retournèrent à leur carbet, prirent les vivres qu'ils avaient laissés et se mirent en route. Bientôt ils s'aperçurent qu'en suivant les bords de la rivière, ils alongeaient leur chemin, à cause des sinuosités de son cours; ils entrèrent dans le bois pour éviter ses détours fatigants; et deux ou trois jours après ils ne surent plus s'orienter et ils s'égarèrent.

Épuisés de lassitude, manquant de vivres, les pieds blessés par la marche et surtout par les ronces, dévorés d'une soif brûlante, n'ayant pour toute ressource que les fruits sauvages qu'ils rencontraient, abandonnés par leurs forces, ils furent contraints de s'arrêter pour prendre du repos; repos funeste, précurseur de la mort! Aucun d'eux ne put se relever, et ne pouvant se secourir les uns les autres, ils expirèrent tous dans l'intervalle de trois ou quatre jours.

Le ciel veilla sur les jours de madame Godin; elle resta longtemps privée de connaissance. Elle évalue ce temps à quarante-huit heures. Quand elle revint à elle, elle ne sentit l'existence que par l'ardente soif qui la brûlait. Elle essaya de se lever. La soif et le désir de la satisfaire lui donnèrent des forces. Elle était sans chaussure, à demi-nue ; elle mit les souliers de ses frères, se couvrit de leurs vêtements, et après une marche qu'elle dit avoir été de huit jours, mais qui probablement fut bien plus courte, elle arriva sur le bord de la Babonada. Dans l'état d'épuisement où elle se trouvait, comment eût-elle pu supporter pendant huit jours la soif, la faim et la fatigue?

Le souvenir de l'affreux spectacle qu'elle avait eu sous les yeux, l'horreur de la solitude, le silence et l'obscurité des nuits, la crainte de la mort sans cesse présente, firent sur elle une telle impression, que ses cheveux blanchirent. Le second jour de sa marche, qui ne pouvait pas être bien considérable, elle trouva de l'eau ; plus tard, elle put cueillir des fruits sauvages ; elle ramassa aussi des œufs de couleur verdâtre qu'elle ne connaissait pas ; ils lui fournirent un aliment qui contribua mieux que les fruits à soutenir en elle un reste de vie. Ce sont les œufs d'un oiseau commun dans ces cantons et auxquels les Espagnols donnent le nom de perdrix. Ce qui ne tient pas moins du prodige que la force même qu'eut cette femme, si délicatement élevée, de résister à des maux que ne purent supporter ni ses frères ni aucun de ceux qui l'accompagnaient, c'est que, dans un pays où abondent les tigres, les onces et plusieurs sortes de serpents venimeux, elle n'ait jamais eu, ni la nuit, ni le jour, à se défendre ni à souffrir des attaques de ces animaux.

Madame Godin passa la nuit sur les bords de la rivière. Le lendemain, au point du jour, elle entendit du bruit à deux cents pas d'elle. Un premier mouvement de frayeur la porta d'abord à s'enfoncer dans le bois; puis réfléchissant qu'il ne pouvait lui rien arriver de pire que ce qu'elle éprouvait, elle s'avança vers le lieu d'où le bruit venait, et elle vit deux Indiens qui poussaient un canot à l'eau; elle s'avança vers eux, et les Indiens, qui l'aperçurent, s'approchèrent aussi d'elle. C'étaient deux habitants de Canélos qui avaient fui l'épidémie avec leurs femmes, et qui venaient d'un abatis ou carbet qu'ils avaient au loin. Elle les conjura de la conduire à la Mission d'Andoas. Les Indiens s'y rendaient; il leur fut aisé de la satisfaire.

Il venait de s'opérer dans les Missions espagnoles une grande révolution. Un ordre imprévu de la cour de Madrid ordonna l'expulsion et l'arrestation de tous les jésuites; on les avait envoyés dans les États du pape, et ils avaient été remplacés dans leurs missions par des prêtres séculiers. Celui d'Andoas était dur, grossier, d'une avarice sordide; madame Godin, ne sachant comment témoigner aux deux Indiens sa juste reconnaissance, se souvint qu'elle avait au cou deux chaînes d'or; elle en donna une à chacun de ces libérateurs. Le prêtre, en sa présence même, s'empara des deux chaînes, et il donna aux Indiens, douloureusement étonnés de ce procédé, trois ou quatre aunes de *tucuyo*, toile de coton grossière qui se fabrique dans le pays.

Dès le lendemain, madame Godin partit pour la Laguna. Une Indienne d'Andoas lui fit un jupon de coton qu'elle envoya payer généreusement dès qu'elle fut arrivée à la Laguna; elle a toujours conservé ce jupon de même que les souliers de ses frères.

Le médecin français, plus occupé de

ses propres affaires que de remplir la promesse qu'il avait faite d'envoyer du secours à madame Godin, n'avait fait que passer à Andoas; il en était reparti sans délai pour se rendre à Omaguas. Le nègre Joachim, irrité de cet acte d'ingratitude, prit avec lui quelques Indiens d'Andoas et remonta la rivière sans perdre de temps. Arrivé au carbet où il avait laissé sa maîtresse et ses frères, il suivit leurs traces dans le bois avec les Indiens jusqu'à ce qu'il rencontra les cadavres qu'il n'était déjà plus possible de reconnaître. Persuadé que tous étaient morts, il revint au carbet, recueillit tout ce qu'on y avait laissé, et reprit le chemin d'Andoas, où il arriva plusieurs jours avant sa maîtresse. Comme il ne doutait pas qu'elle ne fût morte, il alla trouver le médecin à Omaguas, et il lui remit tous les effets qu'il avait rapportés. Celui-ci n'ignorait pas que M. de Grandmaison, arrivé à Lorette, y attendait ses enfants avec beaucoup d'impatience; que même, étant informé de l'arrivée du nègre, il avait recommandé à Tristan de l'aller chercher et de le lui amener. Mais ni Tristan, ni le médecin ne voulurent satisfaire à une aussi juste demande, et ce dernier, de son autorité privée, renvoya le nègre à Quito ; et ce fidèle serviteur obéit et fut ainsi perdu pour sa maîtresse, qu'il était bien loin de croire vivante à la Laguna où elle venait d'arriver avec les Indiens.

Elle fut très bien reçue par le nouveau supérieur des Missions qui n'oublia rien, dans le séjour de six semaines qu'elle fit dans ce lieu, pour l'aider à rétablir sa santé altérée et pour la distraire du souvenir de ses malheurs. Le supérieur envoya de suite un exprès au gouvernement d'Omaguas. Le médecin ne put se dispenser de se rendre à la Laguna, et il rapporta à madame Godin quatre assiettes d'argent, et quelques hardes tant d'homme que de femme, ajoutant que tout le reste était pourri. Mais des bracelets d'or, des tabatières d'or, des reliquaires d'or, des colliers, des pendants d'émeraude ne pourissent point, lui répondit madame Godin ; si vous m'aviez rendu mon nègre, ajouta-t-elle, je saurais de lui ce que sont devenus tant d'effets précieux que j'avais laissés au carbet. A qui voulez-vous que j'en demande compte ? Vous êtes la cause de tous mes malheurs, et de toutes les pertes douloureuses que j'ai faites. Allez, Monsieur, prenez votre parti, je ne puis vous garder près de moi.

Il y a des gens qui ne savent point rougir ou que l'humiliation d'un reproche fondé ne touche que peu. Le médecin insista, et madame Godin, qui a déjà donné bien des preuves qu'elle était d'un caractère faible et beaucoup trop confiant, vaincue par les instances du supérieur qui lui représenta que, si elle abandonnait ce malheureux médecin, il ne saurait que devenir, consentit à ce qu'il continuât de la suivre.

Le supérieur avait écrit à M. de Grandmaison que sa fille était hors de danger et assez bien rétablie pour supporter la route, et il lui conseillait d'envoyer Tristan pour qu'il l'accompagnât à bord de la galiote portugaise. Avant le départ de madame Godin, le supérieur lui représenta qu'elle n'avait fait encore qu'une bien petite partie de la route ; qu'elle allait s'exposer à de nouveaux dangers, et que si elle voulait retourner à Riobamba, il l'y ferait conduire sûrement. Madame

Godin rejeta cette proposition avec énergie; elle répondit qu'elle n'avait quitté Riobamba que pour aller rejoindre son mari; que Dieu l'avait préservée de tous les dangers auxquels les autres avaient succombé, et qu'elle croirait contrarier les vues de la Providence sur elle, en laissant sans effet le secours que le ciel lui avait envoyé dans les deux Indiens d'Andoas.

Comme Tristan n'arrivait point, le supérieur, après quelques jours d'une attente inutile, arma un canot avec ordre de conduire directement madame Godin au bâtiment portugais, sans s'arrêter nulle part; le gouverneur d'Omaguas, prévenu de ces dispositions, envoya un canot à sa rencontre, avec des rafraîchissements. Le capitaine portugais Rebello, ayant eu pareillement avis de la prochaine arrivée de la dame qu'il attendait depuis si long-temps, fit partir une pirogue chargée de provisions. Les Portugais la rencontrèrent au village de Pavas. Lui-même remonta le fleuve avec son bâtiment, jusqu'à la mission de Lorette, où il la reçut à son bord, et depuis ce moment jusqu'à Oyapok, c'est-à-dire pendant le cours d'environ mille lieues, le capitaine lui prodigua les attentions les plus délicates et les soins les plus recherchés. Deux canots qui allaient en avant étaient chargés de la provision de poisson et de gibier qui ne manquèrent jamais. Le gouverneur portugais de **Para** avait, de son côté, envoyé des ordres à tous les postes pour qu'on pût y trouver des rafraîchissements.

La galiote continua sa route jusqu'à la forteresse de Curupa, à soixante lieues environ au-dessus de Para. M. de Martel, major de la garnison de cette place, y arriva le lendemain, par ordre du gouverneur, pour prendre le commandement supérieur de la galiote et conduire madame Godin jusqu'au fort d'Oyapok. Au débouquement du fleuve, au-dessous de *Carapapouzi*, dans un lieu où les courants sont très forts, la galiote perdit une de ses ancres ; sa chaloupe fut aussitôt envoyée à Oyapok pour chercher du secours qu'on se hâta d'envoyer. M. Godin qui se trouvait à Oyapok s'empressa d'aller au-devant de sa femme sur une galiote qui lui appartenait ; il atteignit le bâtiment le quatrième jour ; ce fut après vingt ans d'absence, d'alarmes, de traverses, de malheurs réciproques, que les deux époux réunis confondirent leurs larmes et leurs embrassements.

M. Godin et sa femme prirent congé, sur le cap d'Orange, de M. de Martel et des autres officiers portugais, dont l'un et l'autre avaient reçu tant de marques de la plus généreuse bienveillance; il retournèrent ensuite à Oyapok, d'où il se rendirent à Cayenne. Ce ne fut qu'après l'entier rétablissement de la santé de madame Godin, trois ans après son arrivée à Cayenne, que M. Godin s'embarqua pour la Rochelle, où il arriva heureusement le 26 juin 1773, après soixante-cinq jours de navigation.

NAUFRAGE

De Madame Chevreau, sur le Vaisseau le Duras, en 1777, près des îles Maldives.

Il rentra alors dans sa patrie après 38 ans d'absence.

M. Chevreau, commissaire-général de

la marine, avait été chargé d'inspecter l'Ile-de-France, Pondichéry et Madagascar

Le temps était mauvais et, dans la crainte d'avoir à essuyer des tempêtes, M. Chevreau, marié depuis peu de temps, avait laissé à l'Ile-de-France sa jeune épouse, âgée de 25 ans, et qui devait venir le retrouver à Madagascar, aussitôt le retour de la belle saison.

Mais sans attendre l'époque fixée par son mari, madame Chevreau s'embarqua à bord du *Duras*, avec une jeune personne de 15 ans, mademoiselle Goupis, dont la famille habitait Pondichéry.

La mer fut presque toujours mauvaise, dès le départ du navire et arrivé près des Maldives, le 12 avril 1777, vers deux heures du matin, l'officier de garde crut apercevoir une ombre blanchâtre, aussitôt l'eau manqua au navire qui échoua tout-à-coup.

Tout l'équipage se réveilla frappé de stupeur, la nuit était très obscure, cependant on ne perdit pas tout-à-fait courage.

A coups de hache le mât d'artimon fût bientôt abattu; le canot et la chaloupe furent lancés à la mer; tous les mâts abattus avec peine furent précipités hors du vaisseau.

Le canot se brise contre les rescifs; on place sur l'équipage des armes et des vivres; on construit à la hâte un vaste radeau.

Le jour commence à poindre, on aperçoit alors à cent toises du vaisseau plusieurs noirs grimpés sur le sommet des rochers; on les appelle, on les supplie de porter quelques secours aux naufragés; mais ces sauvages restent impassibles et refusent de s'approcher du navire.

Un matelot se jette à la mer et nage vers les noirs; mais les armes qu'il porte mettent les sauvages en fuite; à l'aide de cordages, le radeau est amené aux rochers, et parvient ensuite à gagner le rivage.

Madame Chevreau, dont le courage ne s'est pas démenti, a passé des vêtements de son mari, elle anime les officiers, encourage les matelots, la première elle se hasarde à descendre sur le radeau, une lame la renverse et l'emporte; elle s'accroche à une corde, remonte et, sans aucune frayeur, se place auprès de la jeune fille confiée à sa garde. Le radeau arrive au rescif séparé de la terre d'un quart de lieue ; madame Chevreau s'élance dans l'eau , elle marche sur un fond de corail ayant de l'eau jusqu'aux épaules.

Les insulaires reçurent les naufragés avec bienveillance, ils les conduisirent sous une large feuillée et leur présentèrent à boire du jus de coco , du poisson salé et du tabac à fumer ; pour les dames ils préparèrent du thé, et disposèrent un lit de bambou pour qu'elles fussent plus à leur aise.

Le chef de l'île promit au capitaine de lui fournir du riz pour nourrir son équipage ; il écrivit au roi des îles Maldives, qui vint bientôt lui-même visiter les naufragés ; il les amena avec lui dans son île, où un appartement fut offert à madame Chevreau et à mademoiselle Goupis près du palais de la reine, qui ne dédaigna pas de consoler ces deux dames.

Bientôt un navire français en passage aux Maldives , recueillit tous les naufragés, et les transporta à Pondichéry ou ils arrivèrent sans accident.

DÉVOUEMENT

Du pilote Boussard, sur la cote de Dieppe, en 1777.

Vers les neuf heures du soir, un navire chargé de sel, sortit du port de la Rochelle, parut vers les côtes de Dieppe pendant la nuit du 31 août 1777, le temps était mauvais, la bourrasque tellement impétueuse qu'un pilote côtier tenta vainement, à plusieurs reprises, de sortir du port pour aller au devant du navire qui se perdait.

Boussard, autre pilote côtier, s'étant aperçu qu'à la suite de fausses manœuvres le bâtiment paraissait en danger, prit un porte-voix pour lui envoyer des conseils; mais ses cris et ses signaux ne purent être entendus par suite du mauvais état de la mer.

Le navire est bientôt engravé sur les galets; Boussard s'élance pour voler au secours de ceux qui vont périr. En vain sa femme et ses enfants le conjurent de ne pas risquer sa vie; aucune considération ne peut le retenir : il s'attache autour du corps une corde dont un des bouts reste fixé à la jetée du port ; deux fois le génereux pilote est sur le point d'atteindre le vaisseau, deux fois les vagues le rejettent au rivage ; rien n'arrête son ardeur ; il plonge de nouveau, et cette fois les flots le portent sous la carcasse du navire ; ceux qui, du rivage considèrent cette scène terrible, le croient mort ; il reparaît tenant dans ses bras un matelot qui était tombé à la mer et qui était évanoui.

Par de nouveaux efforts, il arrive jusqu'au flanc du bâtiment, il s'y accroche, rassure les matelots, les attache à sa corde, les soutient quand les forces leur manquent, il parvient à ramener ainsi sept d'entre eux qui paraissaient condamnés à la mort.

Épuisé de fatigue, Boussard tombe lui-même victime de son dévouement, et, pendant quelques minutes, on craint pour sa vie ; mais grâce aux secours qui lui sont prodigués, il reprend bientôt connaissance. Au même instant, de nouveaux cris frappent son oreille : ce sont de nouvelles victimes qui l'implorent ; sans hésiter, il se précipite encore dans les flots et ramène un des matelots. Sur les dix hommes qui composaient l'équipage de ce navire, Boussard pour sa part, en sauva huit.

Le trait de courage du pilote de Dieppe lui valut des témoignages d'admiration unanimes ; monsieur Necker, ministre des finances, lui accorda une gratification de mille livres et une pension de trois cents.

Il vint à Paris où Louis XVI et ses ministres lui firent un bienveillant accueil.

NAUFRAGE

Sur la cote d'Alger, en 1783, du Lièvre, et captivité d'un jeune domestique nommé Dumont.

Le brick le *Lièvre* faisait partie de l'escadre qui croisait devant Mahon ; le commandement de ce navire avait été donné au comte de Montméry, officier d'état-major, chargé de dépêches du gouvernement.

Le Lièvre avait à peine gagné le large, qu'une affreuse tempête l'assaillit, et après l'avoir ballotté toute une nuit, finit

par le jeter sur une côte entre Oran et Alger.

L'équipage se composait de 150 hommes. La moitié se noya en cherchant à gagner la terre; l'autre moitié ne toucha le rivage que pour y être égorgée sans pitié.

Au fur et à mesure que l'un des naufragés atteignait la rive, les Maures couraient à lui le sabre à la main, et le mettaient en pièces. Le comte de Montméry se défendit avec courage; mais épuisé de fatigue et d'ailleurs sans armes, il fut massacré.

Son domestique était vigoureux et jeune: les barbares pensèrent qu'ils pourraient le vendre avantageusement, ils lui firent donc grâce de la vie.

Voyant ses ennemis acharnés au pillage, Dumont et quelques autres se réfugièrent dans des buissons où ils passèrent la nuit; ils espéraient échapper à l'esclavage.

Mais les Maures étant revenus à la pointe du jour, entourèrent les buissons où s'étaient réfugiés les naufragés qu'ils parvinrent à découvrir; ils leur lièrent les mains et les attachèrent ainsi à la queue de leurs chevaux.

HIST. DES NAUF.

Tous ces captifs furent conduits à l'habitation d'un chef nommé Othman. Le voyage pour arriver auprès de ce chef dura huit nuits ; pour toute nourriture, les naufragés recevaient un morceau de pain et un peu d'eau ; plusieurs d'entre eux succombèrent en route, à la fatigue et à la douleur.

L'habitation d'Othman, construite en pierre et à deux étages, était très vaste ; elle servait à loger trois cents femmes servies par un nombre égal d'esclaves. Le chef Othman, homme de haute stature, paraissait âgé de trente-cinq ans ; il s'enquérit de la patrie de ses nouveaux esclaves ; leur titre de Français leur valut d'être enchaînés.

Ces malheureux furent dépouillés de leurs vêtements qu'on remplaça par une cotte à l'anglaise ; une grosse chaîne les accoupla deux à deux comme les forçats ; cette chaîne, longue de dix pieds, pouvait peser soixante livres ; à chacun des bouts était un anneau qu'on rivait à la jambe de l'esclave. Pour diminuer le supplice de cette horrible chaîne, les deux victimes en liaient une partie à leur ceinture.

Le bagne qui servait à loger les esclaves était fort vaste; lorsque les naufragés *du Lièvre* y furent conduits, ils y trouvèrent environ deux mille esclaves. On aurait pu facilement en loger le double.

Nul espoir d'évasion n'était offert aux captifs, car il aurait fallu, après avoir brisé ses chaînes, sortir de ce bagne dont les murailles avaient huit pieds d'épaisseur et quarante de hauteur.

Les gardiens se divisent. Les uns restent au bagne avec les esclaves malades, les autres conduisent ceux qui peuvent marcher au travail; ces Maures cruels chargent leur fusil avec du sel, et ils tirent impitoyablement sur ceux qui commettent la faute la plus légère.

Ce n'était qu'au lieu du travail, qu'on remettait à chacun des esclaves, les trois tiges de blé de Turquie qui formaient la ration quotidienne; quand ils pouvaient se procurer un peu d'eau, ils écrasaient le grain entre deux pierres et faisaient une espèce de galette; mais il était rare qu'ils obtinssent de l'eau hors du bagne.

Lorsque les esclaves vieillissaient, on diminuait le poids de leurs fers et on les occupait à l'intérieur du bagne, à brûler les punaises, à faire la provision d'eau.

Lorsque les années les rendaient incapables de faire ce dernier travail, les gardiens les entraînaient dans un champ voisin où ils étaient fusillés; leurs cadavres étaient bientôt enlevés et traînés dans les bois par les bêtes féroces qui pullulent dans ces contrées.

Les crânes de ces malheureux étaient conservés par leurs compagnons, et leur servaient de vases pour contenir de l'eau.

Quand par hasard un esclave se donnait la mort, les gardiens commençaient par porter son corps au loin, puis ils frappaient cruellement les voisins du mort pour ne l'avoir point empêché de mettre son suicide à exécution.

Dumont ne put empêcher son camarade de chaîne de se pendre; cet homme voulant mettre son projet à exécution, avait commencé à frapper violemment Dumont qui, tombé sans connaissance, n'avait pu arrêter son bras; le pauvre Dumont n'en reçut pas moins la baston-

torze ans, de verre à boire à Dumont; le
second avait été tué pour avoir désobéi aux
gardiens. Les esclaves se levaient à deux
heures du matin; les retardataires n'é-
chappaient pas à la bastonnade.

L'instrument de ce supplice était une
longue branche d'un bois dur et pliant
qu'on tenait toujours dans l'eau pour lui
donner de la souplesse.

Les travaux étaient distribués aux captifs; les uns travaillaient dans les jardins
d'Othman, d'autres coupaient du bois
ou labouraient la terre attelés deux à
deux à la charrue.

Pour les protéger des bêtes féroces, les
gardiens armés de fusils, se plaçaient autour d'eux; mais la vigilance des Maures
n'empêchait pas les bêtes féroces d'enlever, de temps à autre, quelques captifs.

Un Espagnol s'était éloigné de la lon-
gueur de sa chaîne; un lion sort du bois
voisin, le saisit et l'emporte. La bête fé-
roce tomba presque aussitôt sous les
coups des gardiens; mais trop tard pour
l'esclave, dont le monstre avait déchiré le
cœur et les entrailles.

Comme la ration modique qu'on leur
donnait chaque jour ne pouvait suffire à

leur nourriture, les esclaves cherchaient
à se procurer d'autres ressources en dé-
robant tous les fruits et les légumes qu'ils
pouvaient se procurer; mais ils étaient
presque toujours surpris, et leur esca-
pade leur valait une large distribution de
coups de rotin.

Dumont était parvenu à s'emparer
d'un mouton qu'il partagea avec ses camarades; il fut découvert et reçut, pour
la récompense, cinquante coups.

Mais ce qui faisait, bien plus encore
que la faim, souffrir ces malheureux,
c'était la soif; excités par les ardeurs du
climat, une boisson abondante leur eût
été nécessaire : on leur rationnait l'eau :
aussi pour tromper leur soif, tenaient-ils
toute la journée un noyau d'olive dans
leur bouche.

Le feu prit au bagne; tous les captifs
eurent les cheveux et la barbe brûlés.
Leur eau servit à éteindre l'incendie;
une bastonnade générale fut administrée
aux esclaves.

Pour n'avoir pas voulu partager avec
ses gardiens une aumône qu'il avait reçue, Dumont fut accablé de menaces;
mais il se défendit avec la rage du déses-

poir, et d'un coup de pierre il enleva un œil à l'un des gardiens.

Le blessé et l'agresseur furent conduits devant Othman; justice fut bientôt rendue. L'esclave, pour sa violence, fut condamné à recevoir cent coups de bâton dans la main gauche; le gardien fut pendu pour avoir préféré l'argent à la loi du prophète.

Dumont ne pouvant plus travailler aux champs, fut employé pendant toute une année à tourner une meule.

Ceux des esclaves qui consentaient à se faire mahométans, recevaient quelques avantages; on brisait leurs chaînes et on leur permettait de prendre femme; mais malheur à eux aux premières infractions à la loi du prophète. Un nouveau converti ayant bu de l'eau-de-vie, fut condamné au dernier supplice.

Ce fut seulement après trente-trois ans de captivité que Dumont recouvra sa liberté.

Un Français nommé Manet s'était acquis la faveur d'Othman par son habileté à fabriquer de la poudre de guerre.

Un jour, cet homme fut trouvé dans le harem; d'après la loi musulmane il avait mérité la mort ; mais comme . Othman avait très grand besoin de lui pour tenter une guerre contre les Bays ses voisins, il lui fit grâce de la vie, se contentant de lui faire administrer la bastonnade et en le dépouillant de toutes ses richesses.

Manet résolut de se venger : dès qu'il fut rétabli, il cacha son cheval dans un lieu écarté, puis ayant dit à Othman qu'il était mort, il lui en demanda un autre ; il obtint un nouveau cheval qu'il conduisit à son habitation , puis montant sur le premier il s'esquiva.

Manet ne paraissant pas depuis quelque temps, quoique son cheval fût resté à sa maison, on le crut dévoré par les bêtes féroces dans quelque excursion à pied ; le chef le regretta pour ses talents.

Manet arriva heureusement à Gigeri, il avertit le dey des complots d'Othman ; celui-ci retint Manet en otage, mais il prit ses précautions, et lorsque l'armée d'Othman le vint attaquer, il l'attira dans une embuscade et en fit un carnage effrayant ; les deux fils d'Othman, faits prisonniers, furent condamnés à mort ; ils parvinrent à se racheter contre cinq cents esclaves.

Dumont fut du nombre de ceux qui servirent à payer la rançon des fils de son maître.

Conduit à Alger, il s'y trouvait lorsque le 26 avril 1816 l'escadre anglaise en fit le bombardement.

La flotte algérienne fut brûlée, et 3,000 esclaves de toute nation furent mis en liberté.

Dumont fut du nombre; une frégate anglaise le porta à Naples, d'où le consul de France le dirigea sur Paris où il reçut des marques nombreuses de sympathie et d'intérêt.

NAUFRAGE EN PLEINE MER

De la Méduse, année 1810.

Les Bourbons avaient, en 1815, payé le trône que les étrangers leur avait rendu, en cédant à ces alliés la meilleure partie de nos possessions coloniales.

Comme un simulacre de compensation, les traités de la Sainte-Alliance avaient permis à la France de reprendre possession de ses anciens établissements sur la côte occidentale d'Afrique.

» Cinq navires avaient été chargés du transport et de l'installation des nouvelles autorités ; le commandant de l'escadre, M. de Chaumareys, était à bord de la *Méduse*.

Ce monsieur de Chaumareys était un de ces hommes vieillis hors du service, et que pourtant le gouvernement avait jeté dans les plus hauts grades de l'armée et de la marine.

Présomptueux et opiniâtre, cet homme faisait, dit-on, sur la *Méduse* sa première campagne.

Le premier juillet, après avoir reconnu le cap Bajador, l'escadre passa le Tropique.

Ce capitaine voulut célébrer la fameuse cérémonie du baptème, il y présida lui-même avec une attention si soutenue, que, sans deux officiers qui ordonnèrent une prompte manœuvre, le bâtiment allait se briser contre des rochers.

Dans la nuit du même jour, le dernier vaisseau de l'escadre se sépara de la *Méduse*, et dans la journée, tandis que le capitaine examinait un nuage, au loin, qu'il prenait pour le cap Blanc, le navire se trouva tout d'un coup engagé dans des herbes et dans le sable.

Le capitaine improvisé trouva le moyen de faire échouer sa frégate, sans tempête, sans gros temps, sur une belle mer et dans une zône de vents alizés, où l'on est maître absolu de sa route; M. de Chaumareys, en dépit de tous les conseils, de toutes les prédictions de quelques officiers, alla donner à pleine voile sur un banc bien connu, signalé par toutes les cartes et indiqué même dans les instructions spéciales dont il était porteur.

Ce fut à trois heures et quart de l'après-midi que la *Méduse* échoua.

A la secousse, officiers, équipage, soldats se virent perdus et se répandirent en imprécations contre l'impéritie de leur commandant.

Les efforts extraordinaires de l'équipage, pour remettre à flot la frégate, eussent été couronnés de succès peut-être, si par un entêtement inconcevable, le commandant ne se fût pas opposé à ce qu'on jetât à la mer plusieurs barils de farine et quatorze canons de 24.

Bientôt il ne fût plus temps de céder; tout espoir de sauver le vaisseau disparaissait.

Le commandant proposa alors de construire avec les planches du vaisseau un radeau qui porterait 200 hommes, le reste de l'équipage devait s'embarquer dans les chaloupes et les canots de la frégate et les embarcations devaient remorquer le radeau.

Mais le sauvetage s'opéra dans le plus grand désordre; et si dans les heures de navigation un commandant habile avait manqué au vaisseau, ce qui lui fit plus faute encore à l'heure du naufrage, ce fut un chef assez énergique pour maintenir la discipline en face de la mort.

On s'embarqua si précipitamment et avec si peu d'ordre, on chargea tellement les embarcations et le radeau, qu'il fallut jeter les provisions à la mer.

Quelques matelots effrayés de l'inhabileté de leurs chefs, préférèrent rester sur le navire échoué plutôt que de se confier au radeau; leurs camarades leur promirent toutefois de leur envoyer du secours du Sénégal, aussitôt qu'ils y seraient parvenus.

Les embarcations remorquèrent parfaitement le radeau pendant quelques lieues; mais la mer étant devenue mauvaise, ceux qui montaient les chaloupes, craignant pour eux-mêmes, abandonnèrent lâchement leurs compagnons d'infortune.

Le lendemain, au point du jour, les hommes du radeau s'aperçurent qu'ils étaient complètement délaissés; ils firent entendre alors des cris de vengeance et de désespoir; mais que pouvaient contre les éléments les cris de ces cent quarante-cinq malheureux.

Après avoir retrouvé une boussole entre les mains d'un matelot, il la laissèrent tomber entre les pièces de bois du radeau, il fut impossible de la retrouver.

Les infortunés n'eurent donc d'autres moyens de se guider, que l'orientation par le lever ou le coucher du soleil.

La première journée de navigation se passa assez tranquillement; un des officiers parvint à orienter une voile sur le radeau.

La nuit fut cruelle, la mer étant devenue mauvaise, le radeau était vivement agité et ceux qui n'avaient pas l'habitude de la navigation ne pouvaient tenir debout ; plusieurs s'attachèrent à l'esquif.

Au petit jour on s'aperçut que dix ou douze individus avaient péri, engagés entre les pièces qui formaient le fond du radeau ; d'autres avaient été enlevés par les flots et submergés.

Un matelot et deux mousses voulant éviter promptement une position aussi cruelle, firent leurs adieux à leurs compagnons et se précipitèrent dans la mer qui ne tarda pas à les engloutir.

La nuit fut plus terrible encore que la précédente, les vagues venaient à chaque instant ensevelir les naufragés ; tous ceux qui ne purent se retenir au centre du radeau furent emportés par les flots ; tous se pressaient autour du mât pour échapper à l'élément envahissant ; plusieurs personnes furent étouffées dans la presse.

Les ordres des officiers n'étaient pas écoutés, et on s'attendait à chaque instant à voir chavirer le frêle esquif.

Pour mieux braver les approches de la mort, les matelots cherchaient dans l'eau-de-vie le courage qui les avait abandonnés ; excités par l'ivresse, ils se précipitèrent avec furie sur les officiers et les passagers qui n'étaient qu'au nombre de vingt, mais forts parce qu'ils étaient de sangfroid, ils remportèrent la victoire ; le carnage fut épouvantable ; soixante soldats périrent ; les autres obtinrent leur pardon.

La lutte avait été horrible sur ce terrain balayé par la lame, sur un champ de bataille de quinze pieds carrés, au-delà desquels était l'abîme.

Combat inouï, où les sabres, les couteaux, les haches sont à l'œuvre jour et nuit ; où quand les armes sont tombées des mains, on se saisit, on se coudoie, on s'accule jusqu'au dernier soliveau du plancher mobile ; où l'on s'enfonce les ongles dans les yeux, où l'on se déchire, où l'on se mord, où l'on s'étouffe dans de féroces étreintes.

Mais ce n'est pas tout, ceux qui survivront auront avant d'arriver au port d'autres souffrances plus cruelles encore à supporter.

La faim les contraignit à couper par tranches plusieurs cadavres dont le radeau était couvert.

Les plus affamés dévorèrent ces viandes

crues, que les officiers refusèrent de goû-
ter ; ils préférèrent essayer de ronger le
cuir de leurs chapeaux, des baudriers et
des gibernes.

Un petit citron, quelques gousses d'ail,
une petite fiole d'alcool, un petit flacon
d'essence de rose furent des objets ex-
quis que les officiers se partagèrent entre
eux.

Plusieurs matelots auxquels on avait
pardonné leur première tentative, voulant accaparer l'argent et les bijoux des
officiers, complotèrent leur mort; un
combat s'engagea, le radeau fut une fois
encore jonché de morts; la victoire resta
toujours aux officiers.

Trente hommes restaient seuls le
sixième jour du naufrage; mais ces hommes étaient dans un affreux état; l'eau
de mer leur avait enlevé la peau des
pieds et des jambes; ils étaient couverts
de blessures et de contusions qui leur causaient d'intolérables douleurs.

Une discipline sévère était maintenue
pour empêcher les uns de s'approprier
une partie des vivres, au détriment des
autres.

Deux matelots, surpris buvant par un

chalumeau dans la barrique de vin, furent jetés à la mer.

Treize naufragés, couverts de blessures, avaient totalement perdu la raison; ils étaient évidemment voués à la mort. Mais comme avant de mourir ils avaient part aux distributions, ils pouvaient boire une partie de vin, le seul aliment qu'eussent les naufragés. Leurs camarades, les larmes aux yeux, forcés par la nécessité, prirent le parti de les précipiter dans les flots.

Une soif ardente les dévorait, ils burent de l'eau de mer, de leur urine; trois jours se passèrent dans une longue et terrible agonie.

Ces quinze malheureux préféraient attendre la mort plutôt que de la prévenir; ils ne répugnèrent à rien pour gagner un jour, une heure d'existence.

Du 5 au 17 juillet, ils tinrent bon malgré la faim, malgré la soif, malgré le vent, malgré la mer.

Le 17, au matin, un officier signala un navire. La joie de tous est extrême : mais, ô fatalité, le radeau n'a point d'élévation et ne peut être vu en pleine mer; les naufragés ont beau, pour at-

tirer l'attention, agiter au bout des trin-
gles des mouchoirs de couleur et pousser
des cris! Peine inutile, le brick s'éloigna
et fut bientôt hors de vue.

L'espérance avait un instant ranimé le
courage des naufragés, leur désespoir
était au comble! Ils se voyaient perdus
à tout jamais.

Il faut croire que la Providence veillait
sur eux!

Deux heures s'étaient écoulées depuis la
disparition du brick. deux longues heures
de désolation. Tout d'un coup, un homme
se redresse encore sur le radeau, l'œil
fixe, les bras tendus vers l'horizon, hale-
tant, convulsif, articulant à peine : Un
navire! un navire... là–bas... là–bas!...
Tous regardent.

C'était un navire, en effet, le brick
l'*Argus*, envoyé du Sénégal à la recherche des naufragés, et qui, après les
avoir inutilement cherchés depuis plusieurs jours désespérait presque de les
rencontrer.

A la vue du vaisseau sauveur, qu'on
juge de la joie, du transport des quinze
malheureux qui allaient périr, ils se his-
saient les uns sur les autres, nouaient

ensemble leurs mouchoirs pour en faire des signaux de reconnaissance, voulaient se jeter à la mer, battaient des mains, s'embrassaient, pleuraient en criant de toutes les forces de leurs poumons épuisés.

L'*Argus* approcha, et ses matelots rangés sur le bastingage répondirent à l'appel des naufragés par des houras multipliés.

Ce fut un spectacle effrayant.

Ces quinze êtres défigurés, à demi-nus, excoriés par les coups et le soleil, amaigris, hâves, furent hissés un à un à bord du brick, où les soins les plus empressés leurs furent prodigués.

De très bon bouillon avait été préparé à bord de l'*Argus*, on y mêla un peu de vin, cela fit un excellent cordial qui ranima un peu les forces des malheureux naufragés; on pansa leurs blessures et dès le lendemain plusieurs furent en état de marcher.

Ces bons soins furent impuissants à les sauver tous; six moururent après quelques jours de souffrance, neuf seulement survécurent.

Les naufragés des embarcations furent

plus heureux, ils se sauvèrent presque tous malgré les Maures et le désert de Sahara.

Quant aux dix-sept matelots qui n'avaient pas voulu quitter la frégate, l'*Argus* en retrouva trois à moitié morts, sur la coque de la *Méduse*, 52 jours après l'échouement.

Le capitaine, dont l'impéritie avait causé tant de malheurs, M. de Chaumareys, n'avait eu à souffrir d'aucune peine; embarqué l'un des premiers, il avait débarqué après trois jours de houle.

A son retour en France, par une tardive expiation de la mort de cent-soixante hommes, le capitaine fut traduit devant un conseil de guerre, qui le déclara déchu de son grade, et incapable à tout jamais de servir l'État.

N'eût-il pas mieux valu rendre cette justice à cet homme avant plutôt qu'après cet accident, causé par sa faute et qui avait causé la ruine et la mort de tant de pauvres gens.

Qu'importe au gouvernement aristocratique le sort du peuple! Les chefs, avec ce régime, peuvent disposer de leurs soldats, comme de leur bétail.

♦ NAUFRAGE

Du baleinier l'Essex, près l'Equateur, en 1820.

Le Baleinier l'*Essex*, commandé par Georges Pollard, pêchait près de l'équateur, au 120° degré de longitude.

Les matelots avaient été assez adroits pour harponner deux baleines ; les canots chargés de leur équipage suivaient et fatiguaient les animaux capturés.

La mer était calme et on ne soupçonnait aucun péril, quand, vers le milieu du jour, un des cétacés d'une taille monstreuse, accourut furieux contre le navire, comme s'il eût à tirer vengeance de la capture de ses camarades, et heurta violemment l'arrière qui en fut profondément ébranlé.

Le brick résista pourtant, mais une heure ne s'était pas écoulée que le même animal revenait à la charge, donnant de toutes ses forces contre le flanc du bâtiment, il le creva et y fit un trou si grand qu'à l'instant même la cale commença à s'emplir.

On arma les trois chaloupes, on les

pourvut de vivres et d'instruments, et les vingt hommes de l'équipage s'y embarquèrent, se livrant à la merci des vents et de la mer.

Dans les derniers jours l'une des barques chargée de sept hommes, se sépara des autres, et on n'en entendit plus parler.

Les deux qui restaient, après trois semaines d'une navigation pénible, mêlée de calme et d'orage, abordèrent sur l'île Elisabeth, où les naufragés ne trouvèrent pour nourriture que quelques œufs d'oiseaux.

N'ayant pas de quoi vivre sur cet écueil, les barques reprirent le large, laissant dans l'île Elisabeth trois hommes qui demandèrent à y rester.

La situation fut aussi horrible pour les uns que pour les autres.

Les naufragés des chaloupes furent bientôt dénués de vivres.

Deux hommes moururent d'épuisement, les autres mangèrent leurs cadavres.

Quand la première répugnance fut vaincue et que la faim parla de nouveau, on convint de sacrifier quelques malheureux au salut commun ; on tira au sort, il frappa le mousse du capitaine , qui fut tué et dévoré.

Cet horrible sacrifice ne s'accomplit plus ; mais un homme qui mourut fut dépécé et mangé.

Enfin, après ces hideuses scènes de cannibalisme, les deux canots séparés l'un de l'autre furent sauvés, chacun de son côté.

On hissa à bord des vaisseaux sauveurs des spectres plutôt que des hommes.

Un navire fut envoyé au secours de ceux des naufragés qui avaient préféré rester sur l'île Elisabeth ; ils furent heureusement recueillis après avoir passé trois mois sur ce rocher, vivant des oiseaux qu'ils pouvaient prendre et de quelques tortues de passage.

Ils n'avaient trouvé d'autre abri qu'une grotte dans laquelle ils découvrirent huit squelettes humains.

Ces malheureux racontèrent que l'eau douce avait été leur plus grande privation ; ils étaient souvent obligés d'attendre 6 à 8 jours avant que le ciel eût envoyé dans les creux des rochers, leur coupe naturelle, un peu d'eau potable.

Ils furent sauvés par le navire le *Surrey*, capitaine Montgomerry.

Mais le pauvre commandant de l'*Essex*, Pollard, n'eut pas de bonheur, car il perdit plusieurs années plus tard un autre vaisseau sur un écueil des îles Narvaï.

NAUFRAGE

De la Frégate la Nathalie, au milieu des glaces de Terre-Neuve (1826).

La Nathalie partit du port de Granville, le 25 avril 1826, pour aller à Terre-Neuve à la pêche de la morue.

Après avoir navigué avec succès jusqu'au 29 mai, le navire rencontra les glaces flottantes; l'une d'elles aborda le bâtiment qu'elle creva. L'eau fit invasion; la mort de l'équipage était imminente; de soixante-quatorze hommes qui le composaient dix-sept se sauvèrent dans le canot, qui n'en put contenir un plus grand nombre; et sur les huit heures, le bâtiment s'engloutit dans les flots; le capitaine qui commandait en second,

M. Houiste, raconte ainsi ce terrible évé-
nement :

« Je coulai avec les autres ; mais je re-
vins bientôt sur l'eau, et je trouvai près
de moi deux morceaux de bois attachés
l'un à l'autre. Sur ce frêle asile s'était
déjà réfugié un matelot nommé Potier,
je m'y plaçai à côté de lui ; mais l'instant
de notre mort ne nous paraissait que re-
tardé, cet abri ne pouvant nous tenir loin
du danger pendant longtemps.

« Nous aperçûmes bientôt une glace
plate, nous nous dirigeâmes vers elle.
Après de longs et pénibles efforts, nous
l'abordâmes. J'avais pour tout vêtement
une chemise de laine, un pantalon, mes
bas et mon chapeau que j'avais retrouvé
en revenant sur l'eau ; mon malheureux
compagnon n'était pas mieux vêtu. Il
n'avait rien pour couvrir sa tête. Nous
restâmes quelque temps immobiles sur la
glace ; mais pour ne pas nous laisser
abattre tout entiers, nous nous mîmes à
marcher avec autant de vitesse que notre
état nous le permettait ; mais nous ne pûmes parvenir à rappeler la chaleur. La
brume, le verglas et la nuit vinrent mettre le comble à nos maux. Le froid était

si pénétrant que pour n'être pas entièrement gelés, il nous fallut marcher toute la nuit; déjà nous sentions vivement l'aiguillon de la faim.

« Le matin, dans une éclaircie, nous aperçûmes quatre hommes à une grande distance et un autre beaucoup plus près de nous. Cette vue nous fit grand plaisir; mais bientôt le temps se couvrit et nous déroba la vue de nos compagnons.

« Vers les neuf heures du matin, le temps redevint clair; nous aperçûmes alors un bâtiment à trois mâts; il s'approcha, diminua ses voiles, et fit la manœuvre nécessaire pour sauver les quatre malheureux naufragés. Il nous semblait déjà que nous allions partager leur bonheur. Nous regardions notre délivrance comme certaine; nous agitions ma cravate et mon chapeau afin de nous faire plus facilement remarquer. Le malheureux qui était sur ma glace, non loin de nous, faisait avec une planche un signal du même genre; mais, hélas! notre espérance fut cruellement déçue! Au bout d'une demi-heure, le bâtiment mit ses voiles au vent, louvoya parmi les glaces et s'éloigna de nous, cherchant vainement à sauver d'autres victimes.

Le bâtiment resta à notre vue toute la journée; tous nos efforts pour nous en faire apercevoir et pour rejoindre l'homme réfugié sur la glace furent également inutiles. La nuit vint, le bâtiment disparut à nos yeux.

« Accablés de désespoir, nous passâmes deux nuits transis de froid par la pluie et le verglas, et tourmentés horriblement par la faim.

« Le 1er juin une botte de pêcheur passa près de notre glace, nous tâchâmes de l'attirer vers nous · nous l'eussions dévorée en un instant. Ne pouvant l'atteindre avec notre aviron, je fus sur le point de l'aller chercher à la nage; mais je n'osai pas m'y risquer, je me sentais trop affaibli, et je craignais de rester gelé dans l'eau. Alors, avec un couteau, j'enlevai des parcelles de notre aviron; nous tentâmes de les manger sans pouvoir y réussir. Nous portions autour de nous des regards avides dans l'espérance de trouver à notre portée quelque chose qui pût servir à notre nourriture. Pendant le jour, la faim était le plus grand de nos maux; pendant la nuit, le froid ne nous permettait pas de prendre un instant de repos. Ce même jour, *la* brume se dissipa ; nous aperçûmes des débris de la *Nathalie* et le même homme que nous avions cherché à rejoindre le 30 mai. Parmi les débris je distinguai à environ cent pas une cage à poules. Tout près de nous était une petite glace capable à peine de porter un homme ; je me hasardai à y passer, et avec le couteau de Poitier, j'y fis une entaille pour placer notre aviron. Alors la glace me servit comme d'un canot pour aborder les débris. Je parvins à saisir la cage à poulets, elle renfermait quatre poules noyées. Je dévorai à l'instant une cuisse de l'une d'elles. Ce peu de nourriture ranima mes forces et mon courage. Mon compagnon me voyant manger vit redoubler sa faim. Les bras tendus vers moi, il me criait : de grâce, monsieur Houiste, apportez-moi à manger. Nous fûmes bientôt réunis, nous achevâmes de manger cette poule sans prendre le temps de la plumer. Jamais nous n'avions fait un repas si délicieux.

Dans le cours de nos recherches, nous

trouvâmes une barrique de cidre débondée. Avec des efforts incroyables, nous parvînmes à la monter sur notre glace. Il y était entré de l'eau de mer; mais cette eau ne s'était pas entièrement mêlée avec le cidre; quand nous eûmes fait couler à-peu-près la moitié du liquide que contenait la barrique, le reste nous fournit une boisson supportable.

« Une demi-heure après, environ à un demi-quart de lieue, nous découvrîmes une petite chaloupe; ce pouvait être pour nous un moyen de salut. Nous abandonnâmes notre barrique peu importante pour nous, puisque les morceaux de glace nous désaltéraient; mais nos trois poules étaient trop nécessaires pour les oublier. Afin d'avoir des clous, nous ôtions les cercles des bouts de chaque barrique que nous rencontrions. Comme je savais qu'il fallait une fausse pièce à la chaloupe, j'arrachai deux douves d'une de ces barriques.

« Nous atteignîmes enfin la chaloupe; elle était entre deux eaux. Quand nous fûmes entrés, nous avions l'eau à la ceinture; alors le point sur lequel j'appuyais l'aviron s'élevait seul au-dessus de l'eau. Nous dirigeâmes l'embarcation vers le malheureux que nous voyions seul sur une glace, éloigné de nous d'environ une demi-lieue. Potier ne savait pas conduire un bateau avec un seul aviron placé à la poupe, il me fallait donc ramer continuellement; je voulus tâcher de rendre la chaloupe navigable, mais malgré tous nos efforts, nous n'en pûmes venir à bout. Nous continuâmes cependant toujours à nous diriger vers notre compagnon d'infortune.

« Un baril de beurre passa tout près de nous; Potier le saisit, mais le poids était trop lourd pour lui, il prit un gros morceau de beurre et laissa aller le baril, qui nous eût été fort utile si nous avions pu parvenir à le conserver. Potier sauva une casquette, et ce fut pour lui une heureuse trouvaille : jusqu'à ce moment il était resté tête nue.

« Après une heure et demie de travaux sans relâche, nous abordâmes enfin la glace du malheureux que nous voulions atteindre : c'était Julien Joret, matelot de notre équipage. Son état était déplorable : un morceau de poule lui rendit quelques forces. Pendant plus d'une demi-heure nous nous trouvâmes, Potier et moi, dans l'impuissance de nous mouvoir. Nos cuisses et nos jambes étaient engourdies de froid et de fatigue; nous ne les sentions plus. Nous eûmes bien de la peine à nous mettre debout. Enfin, nous réussîmes à marcher et à rappeler en nous quelque chaleur.

« Nous trouvâmes sur la glace de Joret plusieurs chemises et une petite chaudière. Réunissant tous trois nos forces, nous halâmes la chaloupe le long de notre abri. L'eau diminuant, nous permit de voir au fond une veste et un petit marteau de charpentier. Je déposai sur la glace ces objets si précieux pour nous, et nous travaillâmes à tourner la chaloupe, la quille en haut. Avec le beurre, la veste, un morceau de douve de tonneau, un clou arraché à une planche, nous parvînmes, par les plus grands efforts, à mettre une pièce à la chaloupe, que nous retournâmes ensuite et que nous mîmes à la mer. L'eau pénétrait bien encore un peu, mais notre petite chaudière nous servit à l'épuiser.

« Quand la chaloupe fut à flot, nous aperçûmes la terre à une distance éloignée. A cet aspect, nous nous crûmes sauvés, et nous continuâmes à diriger notre embarcation vers la terre.

« Nous 'n'en étions plus qu'à quatre lieues environ, lorsque nous nous trouvâmes enfermés au milieu des glaces. Quatre jours se passèrent dans cette affreuse situation; nous vécûmes pendant ce temps avec la plus grande économie. Un membre de nos volailles partagé entre nous trois, nous servait de nourriture pendant une journée entière.

« Le 6 juin vers 11 heures du matin le temps s'éclaircit un peu et nous découvrîmes une trentaine de navires à deux lieues de nous à-peu-près. Que devions-nous faire pour les rejoindre? notre chaloupe faisait corps avec les glaces; il nous était désormais impossible d'en tirer parti. D'un commun accord nous résolûmes de gagner les navires en suivant les glaces qui semblaient faire corps; nous abandonnâmes à regret notre chaloupe et nous partîmes. »

« Nous lions nos pantalons par le bas, nous faisons à l'aide des chemises trouvées sur la glace des bourrelets, dont nous enveloppons nos pieds et pour soutenir nos forces défaillantes nous mangeons la moitié d'une poule, tout ce qui nous restait de nos vivres; nous nous mîmes en route, munis de deux planches, qui nous servaient comme d'un pont pour passer d'une glace à l'autre.

« A mesure que nous avancions notre courage croissait avec l'espérance; arrivés à-peu-près à moitié de la distance qui nous séparait des bâtiments, un vent de nord-ouest violent souffle, divise et éparpille toutes les glaces... Notre sort est devenu plus affreux qu'auparavant, nous ne pouvons ni avancer vers les bâtiments, ni rejoindre notre chaloupe, nous étions navrés de douleur.

« Depuis huit jours nous n'avions eu pour soutenir notre misérable vie que quatre poules noyées; il ne nous restait plus rien ; privés de toute ressource, dévorés par la faim, demi-morts de froid, le désespoir s'empara de nous... Vaincus de faiblesse et de fatigues nous éprouvions un besoin de dormir insurmontable, mais l'humidité et le froid nous réveillaient à chaque instant. Pour empêcher nos pieds de se geler nous les tenions dans une agitation continuelle, quand la fatigue nous forçait de cesser ce mouvement, je m'asseyais sur une de nos planches vis-à-vis d'un de mes compagnons et je portais mes pieds sous ses aisselles, en même temps les siens se cachaient sous les miennes.

« Le même jour, sur le soir, la brise faiblit et les vents dularge ramenèrent la brume et la pluie; nous passâmes une nuit affreuse; le lendemain Potier et Joret avaient les pieds gelés; les quatre jours qui suivirent furent aussi épouvantables.

« Le 10 juin nous n'étions plus sur le passage des navires, plus d'espoir d'être sauvés par eux; la terre n'était pas éloignée; il me sembla que les glaces étaient continues jusqu'à la côte; je parvins à ranimer le courage de mes compagnons; nous nous aidâmes donc de nos planches pour nous rapprocher de la terre qui semblait éloignée de dix lieues. Nous cheminions lentement vers le rivage; nous trouvions souvent devant nous des solutions de continuité dans les glaces, qui nous forçait à faire d'assez longs détours; à chaque instant un de nous tombait et les efforts réunis des deux autres suffisaient à peine pour le relever. Nous marchions depuis deux jours, les blessures de nos pieds, aigries par l'eau de la mer, nous causaient des douleurs atroces. Nous étions au 12 juin et nous crûmes que ce jour serait le dernier de notre vie. À une demi-lieue de terre les glaces nous manquèrent, l'espoir s'évanouit tout-à-fait de nos cœurs; cependant l'instinct de la conservation nous détermina à tenter de nouveaux efforts, nous continuâmes à marcher et nous n'étions plus qu'à un quart de lieue de la terre; mais nous avions devant nous une mer sans glace.

« Un glaçon détaché de la masse était devant nous, nous sautons dessus et, à l'aide de nos planches, nous le dirigeons vers le rivage. Ce glaçon se divise en deux parties; un de mes compagnons manque de tomber dans la mer : nous parvenons à le rattraper; nous montons sur un autre bloc, et enfin le 13 juin. à 5 heures du soir, nous atteignîmes la terre.

« Accablés de fatigue nous tombons sur l'herbe, et nous nous livrâmes au sommeil; le réveil fut terrible... Joret était aveugle; il ne pouvait pas plus que Pottier faire un seul mouvement. Je rampai sur les genoux et sur les coudes vers la plage où je troúvai des moules, dont je remplis mon chapeau. Quoique je ne me fusse traîné qu'à une vingtaine de pas, j'eus bien de la peine à retourner. Nous dévorâmes ces moules jusqu'aux coquillages avec avidité.

« Le 15 et le 16 il nous fut impossible de nous procurerdes moules. Battus par la pluie, nous n'eûmes pour nourriture que quelques brins d'herbe que nous ne pûmes digérer. Joret ne pouvait se traîner jusqu'à une source voisine; je fus obligé de lui apporter de l'eau dans mon chapeau.

«Le lendemain 17 fut un jour de bonheur. Le temps devint beau. Pour la première fois, nous ressentîmes une chaleur bienfaisante et Joret recouvra la vue. Ce fut lui qui aperçut le premier, vers les quatre heures du soir, sur la baie, une goëlette anglaise qui longeait la côte. Je parvins à me mettre debout, et mes camarades joignirent leurs cris aux miens.

« Les Anglais ne pouvaient nous entendre, ils nous aperçurent; nous les vîmes s'embarquer sur une chaloupe et venir vers nous. A mesure que nos sauveurs s'approchaient, ils ramaient avec plus de force. Aussitôt qu'ils eurent abordé, trois d'entre eux nous prirent dans leurs bras pour nous embarquer. L'équipage nous témoigna le plus vif intérêt; l'épouse du capitaine nous prodigua les soins les plus tendres; l'équipage anglais nous remit convalescents au brick français *la Bonne-Mère*, de Granville, qui, quelque temps après, nous rendit à nos familles. Joret et Pottier, qui avaient eu les pieds gelés, se rétablirent à grande peine; quant à moi, dit M. Houiste, en terminant, je retrouvai ma femme dont les soins et la tendresse me firent oublier les grands malheurs que j'avais eu à souffrir.

NAUFRAGE

De la Jeune Emma (1828).

Parti du port du Havre dans les premiers jours de l'année 1828 pour la Martinique, *la Jeune-Emma*, après avoir échangé son chargement, avait repris la route de France.

Le navire avait quitté le Fort Saint-Pierre depuis plus d'un mois; mais le ciel, toujours couvert de nuages, n'avait pas permis au pilote de faire aucun calcul astronomique : ce n'était donc qu'en se fondant sur des conjectures qu'il dirigeait le vaisseau vers les côtes de France.

Tout-à-coup les nuages s'élevèrent et permirent d'apercevoir une côte qui se montrait au loin.

Le capitaine fit manœuvrer son équipage afin de se rapprocher le plus possible de cette terre.

Le lieutenant, s'appuyant sur les considérations suivantes, pensait être en face des îles d'Ouessant :

« Notre point nous mettait, à midi, à l'estime de 49° 55' de latitude nord, et 6° 30' de longitude ouest. La terre que nous aperçûmes était l'île de Lundi, que nous prîmes pour l'île d'Ouessant.

« Les marins qui ont vu l'une et l'autre pourront peut-être nous juger sévèrement; mais avec le temps brumeux qu'il faisait et la manière dont nous la découvrîmes, elles ont entre elles une très grande ressemblance ; de plus, nous ne pouvions la comparer à aucune autre île de la Manche. Cette erreur causa la perte de *la Jeune-Emma*. Pour éviter les récifs dont est hérissée la plage bretonne, le capitaine fit gouverner à l'ouest.

La journée du 21 octobre s'écoula sans accident. Seulement, vers sept heures et demie du soir, la tempête s'éleva, lorsqu'un matelot signala des brisants dans les eaux que le navire sillonnait alors.

Le capitaine s'empressa d'appeler tout l'équipage sur le pont. Il se hâtait donc de donner des ordres pour décarguer les voiles, lorsque le navire vint se heurter contre un banc de roches.

Les matelots et les passagers réunis sur le pont se croyant perdus, faisaient entendre les cris de la détresse la plus complète, ils imploraient le ciel avec ferveur ; une pauvre demoiselle de 15 ans portait le comble à cette scène de désolation.

Tout le monde paraissait accepter cette mort horrible sans tenter rien pour lui échapper ; le capitaine lui-même avait perdu la tête ; le lieutenant M. Letion seul avait conservé un peu d'énergie : avec l'espoir d'arracher à la mer la proie qui lui paraissait offerte, il appelle le charpentier et lui ordonne de couper les saisines de la chaloupe, pour que l'on pût en disposer aussitôt. Cette opération n'était pas terminée, qu'une lame violente, prenant le navire en travers, le coucha horizontalement sur les flots.

Tout ce qui se trouvait sur le pont fut précipité dans la mer ; les hommes furent ballottés par les vagues pendant quelques instants entre les débris de toute espèce ; presque tous ils parvinrent à attraper quelques parties du gréement, et les cris de désespoir redoublèrent. Les plus forts et les plus adroits essayèrent avant tout de sauver leurs malheureux compagnons d'infortune ; tous ceux qui s'étaient accrochés aux débris du navire furent hissés successivement sur son flanc.

Les flots pouvaient à chaque instant les enlever de cette dernière retraite et les anéantir. Cette pensée, dont le craquement du navire que rongeait la mer proclamait hautement l'urgence, détermina le second officier, que son dévouement avait déjà fait s'exposer avec tant d'abnégation pour secourir ses compagnons d'infortune, à faire une dernière tentative, soit·qu'il pût dégager la chaloupe chavirée et enclavée sous le grand mât, soit qu'à son défaut on construisît un radeau surlequel on franchît les deux lieues de mer qui séparaient du rivage.

Il s'efforça donc de ranimer le courage de ces infortunés et d'obtenir leur concours à l'exécution d'un projet pour lequel ses efforts isolés étaient de toute impuissance.

Il fallut renoncer à la première idée. La chaloupe, qui résista longtemps aux tentatives que l'on fit pour la dégager, fut enlevée et portée au large par une lame. Tous les espoirs se portèrent donc sur la construction d'un radeau.

L'exécution de cette mesure était loin de présenter une tâche aisée. Le bâtiment n'était pas tellement brisé que l'on pût, sans instrument, en arracher les planches et la membrure. Les mâts, eux, tenaient bon. Letion ne se laissa effrayer ni abattre par ces difficultés ; l'espoir de sauver du naufrage ces infortunés qui, sans cesse baignés par les vagues, se cramponnaient, glacés moins par le froid du vent et de la mer que par l'épouvante, à un fragile amas de débris, lui donna le courage et la force de surmonter tous les obstacles.

Aidé par quelques matelots que soutenaient ses paroles et son exemple, tantôt glissant le long des mâts d'où pouvaient les arracher et où pouvaient les briser les lames, tantôt se jetant à la mer pour aller chercher à la nage quelques débris, il parvint, malgré l'obscurité et la tempête, à former un radeau qui fut amarré sur l'avant du navire.

Un malheur dont on ne tarda point à se convaincre, c'est que ce radeau, pour lequel on avait réuni tout ce qu'il avait été possible d'arracher au navire, ne pouvait porter plus de huit personnes.

Que faire? Abandonner sur le bâtiment, prêt à disparaître, ceux que l'on ne pouvait prendre; renoncer à ce moyen de salut plutôt que de livrer, par cette action, des compagnons d'infortune à leur désespoir.

Plusieurs des matelots qui avaient concouru avec le plus d'intrépidité et le plus de zèle à l'établissement de ce plancher flottant, répétaient qu'il valait mieux se sauver à six que de s'ensevelir tous ensemble, mais le second capitaine se prononça avec tant de force, qu'il fut convenu que l'on garderait ce radeau comme dernier refuge, en cas que le bâtiment ne pût résister à l'action des lames jusqu'au moment où, le jour ayant révélé leur danger aux habitants de la côte, il serait possible d'en recevoir des secours.

Il suffisait de voir les progrès de destruction que cette mer turbulente et convulsive faisait de moment en moment sur le bâtiment pour sentir s'évanouir l'espoir d'une longue lutte.

Déjà tout l'avant était couvert par les flots. La disparition de quelques-unes des parties du navire qui les protégeaient contre les lames laissa tous ces malheureux exposés au choc des vagues, qui déferlaient sur eux en nappes d'écume, jusqu'à ce qu'une plus furieuse, tombant sur cette embarcation à demi-submergée de tout le poids de sa montagne d'eau, couvrit la mer de débris.

Des marins et des passagers qui se trouvaient encore sur la coque de *la*

Jeune-Emma, six, emportés par cette lame, parvinrent à gagner le radeau qu'elle avait arraché du navire. Deux restèrent sur la partie de la carène qui avait résisté au dernier choc. Les autres n'avaient plus à lutter contre ces chances destructives qui semblaient encore inévitables.

Cependant les six hommes réfugiés sur le radeau, dont la largeur était à peine de deux pieds, sans vivres, sans voiles, sans avirons, s'abandonnent aux caprices des lames.

Assis sur ce frêle esquif, que, dans cette position même, ils pouvaient à chaque instant faire chavirer, plongés dans l'eau jusqu'à la ceinture, ils ne pouvaient qu'être engloutis par une vague, lorsque le hasard apporta près d'eux une planche des pavois, qui leur permit de maintenir leur radeau le bout à la lame.

Ce fut ainsi que, ballottés par une mer sur laquelle leur salut était une question de chaque instant, ils parvinrent, après six heures de terribles angoisses, à atteindre la plage anglaise, où ils reçurent une hospitalité cordiale.

La pauvre jeune fille et neuf matelots ou passagers périrent, mais leurs corps furent recueillis sur la côte, et les Anglais leur donnèrent une honorable sépulture ; quatre matelots disparurent sous les flots, et il fut impossible de retrouver leurs cadavres ; cinq matelots et le second capitaine, M. Letion, eurent seuls la vie sauve. Après avoir reçu à Paimbray des soins généreux qui les rétablirent de leurs fatigues, ils se rembarquèrent pour le Havre, qu'ils avaient bien failli ne plus revoir.

POSITION DIFFICILE

De M. Dumont d'Urville et de l'équipage de l'Astrolabe, en face de Vanikoro, en janvier 1828.

Nous avons laissé *l'Astrolabe* quittant les rives inhospitalières de Tonga-Tabou. Le capitaine Dumont-Durville, toujours désireux d'accomplir dignement la mission que lui avait confiée le gouvernement, continua sa route à travers les îles de l'Océanie, afin de découvrir, s'il était possible, l'endroit où l'infortuné Bougainville avait péri.

Le capitaine d'Urville découvrit Vanikoro, mais il n'aborda l'ile que le 14 janvier 1828, en prolongea les récifs, envoya un canot pour reconnaître le mouillage, utilisa un vent contraire de N.-O. pour aller chercher Taumako, indiquée par Quiros près de Santa-Cruz. et perdue depuis cette époque; il employa trois jours à cette croisière, sans pouvoir trouver cette ile; puis rebroussa chemin vers Vanikoro, et mouilla le 21 dans la dangereuse et petite rade d'Ocili, où *le Research* avait mouillé, et qu'avaient indiquée les naturels du village de Mrnevai.

Le premier soin de M. d'Urville, quand *l'Astrolabe* se trouva affourchée sur ses ancres, fut de se concilier les naturels à l'aide de quelques présents. En toute autre occasion, les objets qu'il offrait auraient été regardés comme des choses de la plus grande magnificence; mais Dillon, le prodigue Dillon, avait gâté les insulaires : ils reçurent tout avec une froideur marquée. On passa outre : cette circonstance ne fut pas, du reste, la seule où l'on put rencontrer parmi les Vanikoriens de la défiance et de la mauvaise volonté vis-à-vis des Français. Il s'en présenta d'autres par la suite et en si grand nombre, qu'il fallut croire à des préventions semées d'avance, à des terreurs habilement produites. D'ailleurs, ces hommes avouèrent plus tard qu'on les avait avertis que les Français étaient compatriotes des naufragés, et qu'ils viendraient sans doute tirer vengeance du funeste évènement dont ces côtes avaient été le théâtre.

Malgré ces obstacles si grands et si divers, M. d'Urville ne se rebuta point. Des embarcations furent expédiées sous les ordres des officiers de *l'Astrolabe* pour faire le tour de l'île. On devait recueillir à la fois, le long de la côte, et les objets provenant du sauvetage et les traditions du sinistre; relever la carte de l'île et en étudier l'histoire naturelle. Tout allait ainsi marcher de front.

La première expédition, commandée par M. Gressien, ne valut à *l'Astrolabe* qu'un petit nombre de débris peu importants. Nul renseignement n'en résulta. A toutes les questions qui leur étaient adressées, les insulaires opposaient un profond silence ou des réponses évasives. Un système de mutisme, délibéré en commun, semblait bâillonner toutes les bouches et fermer toutes les oreilles. Quand l'un d'eux, plus communicatif et plus accessible aux présents, s'apprêtait à donner quelques détails, à l'instant même ses camarades l'entouraient d'un air mécontent et effrayé, le priaient de se taire ou le forçaient à la retraite.

La seconde expédition, commandée par M. Jacquinot, éprouva d'abord des obstacles semblables. A Vanou, l'approche des Français mit l'alarme dans la petite population de ce village ; les femmes et les enfants s'enfuirent dans les bois, emportant leurs effets les plus précieux ; les hommes s'approchèrent seuls, mais évidemment effrayés et inquiets. On les interrogea, ils nièrent tout ; enfin ils avouèrent que longtemps ils avaient eu en leur pouvoir des crânes de *Maras* (ils nommaient ainsi les Européens), mais qu'ils les avaient ensuite jetés à la mer.

Le chef Valie, celui que cite Dillon, fut le seul qui montra plus de confiance

A diverses reprises, il parut sur le point de faire des révélations complètes; mais ses compatriotes l'arrêtèrent avec des menaces. A Nama, même silence, même dissimulation. Nulle offre ne put d'abord décider les naturels à signaler le lieu du naufrage; mais M. Jacquinot s'étant mis à déployer devant eux un morceau de drap rouge, l'un des sauvages, séduit par les couleurs saillantes de l'objet, sauta à l'instant dans le canot, témoignant par gestes qu'il le conduirait au lieu voulu si on lui donnait le morceau d'étoffe. Le marché fut fait, et M. Jacquinot arriva sur le récif où s'était passée la catastrophe. C'était là une recherche essentielle et dont M. Dillon semble ne s'être point occupé. Du moins n'en parle-t-il nulle part.

La chaîne de récifs qui environne Vanikoro occupe un diamètre de deux ou trois milles au large devant Païou et Ambi, tantôt s'en éloignant d'environ un mille. Là, dans une sorte de passe à travers le brisant, le sauvage fit arrêter le canot, montrant du geste le fond de l'eau. Les Français regardèrent, et, à une profondeur de douze à quinze pieds, ils distinguèrent, disséminés çà et là et empâtés de coraux, des ancres, des canons, des boulets et de nombreuses plaques de plomb. Ce spectacle dissipa tous les doutes : sur les pointes de cet écueil s'était perdu l'un des navires de Lapérouse.

Tous le bois mangé par la vague avait disparu ; le métal seul restait, plus durable et plus résistant. Le gisement des ancres donnait lieu de présumer que quatre d'entre elles avaient coulé avec le navire, tandis que les deux autres auraient pu être mouillées. En outre, l'aspect des lieux permettait de soupçonner que le navire avait donné dans cette passe pour avoir voulu s'introduire en dedans de la chaîne des brisants, qu'il y avait échoué et qu'il n'avait pu se tirer de cette position. Quelques sauvages affirmaient que c'était ce navire dont l'équipage débarqué à Païou avait construit un petit bâtiment, tandis que l'autre navire avait échoué de l'autre côté du récif et s'était complètement englouti.

Arrivé ainsi sur le lieu du sinistre, M. Jacquinot chercha à l'instant même à en arracher quelques débris. Il fit élinguer une ancre ; mais elle adhérait si fort au fond, qu'on fut obligé de renoncer à cette drague. Plus tard, M. Guilbert fut plus heureux. Après de violents efforts, qui firent craquer la chaloupe, il parvint à extraire de la croûte des coraux qui tapissaient la mer une ancre de 1,800 livres environ, un canon court en fonte du calibre de 8, fortement oxidés et empâtés à deux pouces d'épaisseur. Un pierrier en bronze, une espingole en cuivre, un saumon et une grande plaque de plomb ; des fragments de porcelaine complétèrent ce sauvetage fait à quarante ans d'intervalle.

Cependant *l'Astrolabe* souffrait dans ce mauvais havre d'Ocili. La houle fatiguait ses chaînes et menaçait de la jeter à toute heure sur une côte aux rochers verticaux, contre lesparois desquels elle aurait coulé par quinze brasses de fond. Le commandant songea à changer de station. A l'aide de grelins et d'ancres à jet, il se hâla jusque dans la vaste baie de Manevai, bassin calme et abrité co tous les éléments.

Là du moins on rencontra des hommes plus sociables. Les naturels, ennemis de ceux de Tevai, accoururent à bord de *l'Astrolabe*. Les chefs saluèrent le capitaine à la manière du pays, en baisant le dos de leur main, et l'un d'eux, premier ariki et prêtre de Manevai, nommé Mohembe, se déclara son ami particulier. C'était un homme de cinquante ans environ, petit de taille, laid même parmi les siens, bon homme au demeurant, d'un naturel paisible, point importun, point indiscret, possédant presque du savoir-vivre au milieu de ses maussades compatriotes. Mohembe, devenu l'ami de M. d'Urville, vint le visiter souvent. Il répondait de son mieux à ses questions, n'interrogeait pas, attendait patiemment les cadeaux qu'on voulait lui faire et les recevait avec reconnaissance.

Nero, le chef de Tevai, ne s'était pas conduit ainsi. Insatiable quêteur, maussade, désobligeant, il recevait tout de fort mauvaise grâce et continuait de demander après avoir reçu. Un jour ses fatigants procédés faillirent dégénérer en une scène fort sérieuse. Le capitaine d'Urville était allé lui rendre visite à Tevai, accompagné de quelques officiers sans armes. Le vieux Nero reçut, d'un air assez bourru, les visiteurs dans la *mai-*

son des esprits, et entouré de ses guerriers armés d'arcs et de flèches. Comme à son ordinaire, il se plaignit d'abord de ce qu'on ne lui donnait rien ; il demanda, à diverses reprises, des haches, disant que *Pita* (Dillon) lui en donnait beaucoup. A quoi le commandant français répondit que, s'il envoyait des vivres à bord et surtout des cochons, il aurait des haches. Il stipula même que trois haches seraient livrées en retour d'un cochon, taux que Nero agréa. Les cochons pourtant se faisant attendre, le commandant voulut retourner à bord ; mais alors les sauvages prirent une attitude si menaçante qu'on sentit bien qu'il y avait eu imprudence à s'engager sans armes au milieu d'eux. Pour éviter un malheur, il fallut biaiser. Allant vers le chef, M. d'Urville lui offrit une grosse hache et un collier, en lui disant que c'était un à-compte sur le marché des cochons promis ; puis il se leva et s'en alla. Nero, surpris et charmé du cadeau, n'osa pas bouger, et ainsi cette sorte de guet-à-pens n'eut point de suite. Quant au cochon promis par le chef, on l'attend encore.

Cependant les travaux scientifiques allaient leur train. Le naturaliste Guimard avait obtenu du commandant de débarquer seul sur la partie occidentale de l'île. Par prudence, on lui avait donné pour compagnon l'Anglais Hambilton, qui parlait tant bien que mal la langue vanikorienne. Les habitants de Nama parurent enchantés de voir ces étrangers; mais pendant les cinq jours que M. Guimard et l'Anglais restèrent parmi eux, ils ne se montrèrent pas toujours d'un caractère facile et hospitalier. Cette excursion, du reste fort périlleuse et bien méritante, ne produisit aucun résultat utile. Au bout de cinq jours, le naturaliste revint avec une fièvre intense, ayant eu toutes les peines imaginables à se défendre contre des hommes d'un naturel irritable et turbulent. Aucune confidence ne put être obtenue; et le village même de Nama resta interdit aux Français débarqués; il revint outré et fort malade.

Grâce aux découvertes déjà faites, on pouvait alors regarder le naufrage de La Pérouse sur cette côte comme chose prouvée et hors de débat. Le capitaine d'Urville assembla donc ses compagnons de voyage, et, leur montrant les objets recueillis, il leur demanda quelle était leur opinion touchant leur origine. A l'unanimité, ils répondirent que, dans leur conviction, c'était là des débris du sinistre de Lapérouse. Alors il leur communiqua son projet, depuis longtemps formé, d'élever sur le lieu même un mausolée aux mânes de compatriotes morts pour la science. Cette ouverture fut accueillie avec enthousiasme, et chacun voulut concourir à l'érection du monument.

Comme il était impossible de l'élever à Païou, sur le lieu même de la catastrophe, on choisit comme emplacement une touffe de mangliers située sur le récif qui ceignait en partie le mouillage de Manevai. La forme adoptée pour le tombeau fut celle d'un prisme quadrangulaire de six pieds d'arête, surmonté par une pyramide quadrangulaire de même dimension. Des plateaux de corail, contenus entre des pieds solides fichés en terre, formèrent le massif du monument, et le faîte fut recouvert d'un petit chapiteau en planches achetées à la Nouvelle-Zélande. Pour préserver le pieux édifice contre la cupidité des naturels, on eut soin de n'y employer ni clous ni ferrures. Une fois commencé, le mausolée marcha vite, malgré les travaux du bord, et malgré les fléaux qui fondaient déjà sur la nouvelle *Astrolabe*, dans un lieu si fatal à l'ancienne.

La fièvre du naturaliste Guimard avait empiré ; le capitaine lui-même, à la veille d'aller visiter l'emplacement où les naufragés avaient construit leur petit navire, fut saisi par des accès violents et dangereux. Le temps, de sec qu'il était, étant devenu tout-à-coup pluvieux et malsain, cette fièvre prit un caractère épidémique, et frappa successivement plusieurs personnes de l'équipage.

Cependant, le 14 mars, le mausolée fut terminé ; son inauguration eut lieu le jour même, en présence d'une portion de l'équipage descendue sur le récif. Un détachement armé salua le cénotaphe d'une triple salve de mousqueterie, à laquelle répondit le canon de la corvette. Cette cérémonie pieuse s'accomplit au milieu d'un silence et d'un recueillement profond. Tout était deuil sur cette terre te, deuil dans un passé commuémoratif, deuil dans le présent lugubre et plein de craintes. La fièvre tenait alors clouée sur les hamacs la moitié de l'équipage de *l'Astrolabe*, et semblait menacer l'autre moitié. Les bras allaient manquer à la corvette pour se tirer de passes difficiles et dangereuses. Encore quelques jours de retard, et le mausolée debout sur le récif servait à constater deux catastrophes. Le capitaine d'Urville sentit l'imminence du péril. Frappé lui-même, il eut encore la force de donner des ordres pour sortir de cet endroit fatal. Chaque tentative augmentait le nombre des malades; enfin, le 17 mars, on redoubla d'efforts. Il faut laisser M. d'Urville rendre compte de cette critique et décisive opération :

« Quarante hommes sont hors de service, et si nous laissons passer cette journée (17 mars) sans bouger, demain peut-être il ne sera plus temps de vouloir quitter Vanikoro. En conséquence, je suis décidé à tenter un dernier effort. A six heures du matin, on commence à virer sur les ancres, et on les retire les unes après les autres, manœuvre longue et pénible, attendu que le câble, la chaine et le grelin s'étaient entortillés les uns avec les autres, et que nous avions peu de bras valides.

« Sur les huit heures, tandis que nous étions le plus occupés à ce travail, j'ai été fort étonné de voir venir à nous une demi-douzaine de pirogues de Tevai, d'autant plus que trois ou quatre habitants de Manevai qui se trouvaient à bord ne paraissaient en aucune manière effrayés à leur approche, bien qu'ils m'eussent dit, quelques jours auparavant, que ceux de Tevai étaient leurs ennemis mortels. Je témoignai ma surprise aux hommes de Manevai, qui se contentèrent de rire d'un air équivoque, en disant qu'ils avaient fait la paix avec les habitants de Tevai, et que ceux-ci m'apportaient des cocos. Mais je vis bientôt que les nouveaux venus n'apportaient que des arcs et des flèches en fort bon état. Deux ou trois d'entre eux montèrent à bord d'un air déterminé, se rapprochèrent du grand panneau pour regarder dans l'intérieur du faux-pont, et s'assurer du nombre des hommes malades. Une joie maligne perçait en même temps dans leurs regards diaboliques.

En ce moment, quelques personnes de l'équipage me firent remarquer que deux des trois hommes de Manevai qui se trouvaient à bord faisaient ce même manége depuis trois ou quatre jours. M. Gressien, qui observait depuis le matin leurs mouvements, avait cru voir les guerriers des deux tribus se réunir sur la plage et avoir entre eux une longue conférence.

« De pareilles manœuvres annonçaient les plus perfides dispositions, et je jugeai que le danger était imminent. À l'instant j'intimai l'ordre aux naturels de quitter la corvette et de rentrer dans leurs pirogues. Ils eurent l'audace de me regarder d'un air fier et menaçant, comme pour me défier de faire mettre mon ordre à exécution. Je me contentai de faire ouvrir la salle d'armes, ordinairement fermée avec soin, et, d'un front sévère, je la montrai du doigt à mes sauvages, tandis que de l'autre je leur désignais leurs pirogues. L'aspect de vingt mousquets étincelants, dont ils connaissaient la puissance, les fit tressaillir et nous débarrassa de leur présence.

« Il est plus essentiel qu'on ne pense

de contenir ces hommes grossiers par la seule terreur des armes à feu ; elle est plus salutaire pour l'Européen que leur effet même. La vue seule d'un pistolet pourra mettre en fuite vingt sauvages, tandis qu'ils seraient capables de se ruer comme des bêtes féroces sur un détachement entier qui viendrait de faire feu sur eux.

« Du reste, nous venions, pour ainsi dire, de rompre la paille avec ces barbares, et notre départ devenait plus indispensable que jamais. J'exhortai donc l'équipage à redoubler de courage et d'efforts, et je pressai le moment de l'appareillage, autant que me le permettaient mes faibles moyens. Les malades eux-mêmes prêtèrent leurs débiles mains à l'ouvrage, et nous pûmes enfin élonger une ancre à jet dans l'E., par trente brasses de fond ; quoiqu'elle fût surjalée, nous fûmes assez heureux pour qu'elle tînt jusqu'au b...t.

« Ce fut sur ce frêle appui que, le 17 mars 1828, à onze heures quinze minutes du matin, *l'Astrolabe* déploya ses voiles et prit définitivement son essor pour quitter Vanikoro. Nous serrâmes d'abord le vent le plus près qu'il nous fut possible, avec une bonne brise d'E.-S.-E. assez fraîche ; puis nous laissâmes porter sur la passe ; mais au moment même où nous donnions dans l'endroit le plus scabreux, celui où elle est semée d'écueils, un grain subit vint nous borner notre horizon dans un rayon de soixante à quatre-vingts toises.

« Accablé par la fièvre, je pouvais à peine me soutenir pour commander la manœuvre, et mes yeux affaiblis ne pouvaient se fixer sur les flots d'écume qui banchissaient les deux bords de la passe. Mais je fus secondé par l'activité des officiers, surtout par l'assistance de M. Gressien, que j'avais chargé de diriger notre route. Il nous servit de pilote et le fit avec tant de sang-froid, de prudence et d'habileté, que la corvette franchit sans accident la passe étroite et difficile par où nous devions gagner le large. Ce moment décidait sans retour du sort de l'expédition, et la moindre fausse manœuvre jetait la corvette sur des écueils d'où rien n'aurait pu la retirer. Aussi, malgré notre détresse, après quelques minutes d'anxiété, nous éprouvâmes tous, en nous voyant délivrés des récifs de cette île funeste, un sentiment de joie comparable à celui qu'éprouve un prisonnier qui échappe aux horreurs de la plus dure captivité ; la douce espérance vint ranimer notre courage abattu, et nos regards se tournèrent encore une fois vers les rives de notre patrie, à travers les cinq ou six mille lieues qui nous en séparaient. »

Toutefois, ce séjour, si tristement prolongé, eut de beaux résultats pour la science : d'utiles travaux furent réalisés, des observations importantes furent faites. M. Gressien leva le plan le plus exact et le plus complet de toute l'île ; sa configuration, ses récifs, ses accidents de terrain y furent minutieusement décrits. La carte qui résulta de ces longues opérations est un des morceaux capitaux du voyage. Naguère inconnue, Vanikoro est à l'heure actuelle un des points les mieux décrits de l'Océan-Pacifique.

INCENDIE EN PLEINE MER

Du Goéland, en 1829.

Le *Goéland* revenait de la pêche de la morue ; il regagnait les ports de France, lorsque, le 15 juillet 1829, un violent orage fondit tout d'un coup sur ce bâtiment ; la foudre tonnant en violents éclats, vint frapper le *Goéland* et tua deux matelots occupés sur le pont.

Presqu'aussitôt le lieutenant du navire sortait de la cale, criant d'une voix étouffée : *Le feu est dans la cale.*

La foudre avait enflammé la cargaison.

Tout le monde était sur le pont : on apporta des seilles ; les pompes furent gréées de manière à donner en abondance de l'eau pour jeter sur la fournaise ; les passagers, l'équipage, tout ce qu'il y avait à bord de bras disponibles fut mis à l'œuvre pour le salut commun. Vains efforts, peine inutile, la cargaison était composée en partie de spiritueux, et les moyens pour arrêter les progrès de l'incendie semblaient lui donner plus de développement et d'intensité Enfin le navire devait s'englautir et s'engloutir prochainement. Il n'était au pouvoir d'aucune force humaine de le soustraire à cette catastrophe : la flamme et la fumée en sortaient comme d'un volcan, et l'horreur de ce spectacle s'augmentait encore par les éclats de la foudre qui grondait sur les têtes, et qui jetaient des débris çà et là. On abandonna les pompes pour courir aux embarcations : la chaloupe brûlait, on ne pouvait donc s'en servir ; la yole et le canot pouvaient seuls servir de refuge aux naufragés ; mais le capitaine craignait que ces deux embarcations ne fussent assez vastes pour contenir à la fois les passagers et l'équipage.

Deux passagères furent descendues dans la yole ; elles furent suivies par un grand nombre de compagnons d'infortune. Elle était si chargée, qu'elle coula à fleur d'eau. Le capitaine et le reste de l'équipage se précipitèrent dans le canot ; le second capitaine, M. André, qui mérite ici une mention honorable, resta courageusement a bord du *Goelana*, indiquant avec un sang-froid admirable le meilleur arrangement possible dans les embarcations.

Ce brave marin fit passer une foule d'objets qui pouvaient être très utiles dans le périlleux voyage que les naufragés allaient entreprendre ; il retira de l'habitacle deux compas (boussole) ; ensuite il envoya quelques chandelles, une bouteille de vin, une nappe, un couteau ; il chercha aussi à procurer du biscuit ; mais l'incendie avait fait de tels progrès, et les flammes dévoraient si rapidement le corps du navire, que M. André en fût immédiatement devenu la proie s'il eût persisté dans sa généreuse et téméraire résolution.

Travailler aux pompes, mettre les embarcations à la mer, réunir pour les sauver, toutes les personnes du bord, les déposer dans les canots et dans la yole, tout cela s'était fait en quelques minutes ; car il y avait à peine une demi-heure que la foudre avait frappé le navire.

La pluie tombait par torrents ; les éclairs qui sillonnaient la nue éblouissaient par intervalles, et laissaient ensuite dans la plus affreuse obscurité ; mais ces ténèbres momentanées ne durèrent pas longtemps : les flammes qui s'échappaient du navire ne tardèrent pas à répandre leur clarté rougeâtre sur les eaux de la mer ; de longs jets de feu, mêlés avec des tourbillons de fumée, sortaient par les écoutilles, et la fuite, la fuite la plus prompte, pouvait seule soustraire les naufragés à l'effroyable sort qui semblait leur être réservé ; car il y avait des poudres à bord du *Goéland*, et l'explosion qu'elles devaient causer ne pouvait tarder de couvrir la mer de ses débris calcinés. Mais la yole n'avait pas de gouvernail ; trois avirons seulement avaient été jetés dans le canot ; un bout de corde fut envoyé de cette embarcation, qui voulut bien prendre la yole à la remorque, et, à l'aide de quelques esparres trouvées dans le fond de la chaloupe, ils parvinrent à faire un peu de chemin, et à s'éloigner du théâtre de l'incendie.

La position était encore affreuse : mais le cœur de l'homme est tellement disposé à s'ouvrir à l'espérance, que la plus faible diminution du péril qui le menace lui cause une sensation de joie inexprimable. La mer était très cal   et c'est dans ce calme que gisait l'   du salut ; la brise la plus légère aurait coulé bas les frêles embarcations chargées d'un nombre d'hommes bien supérieur à celui qu'elles eussent pu supporter à la moindre agitation des flots. Après une heure de navigation, elles tombèrent dans un courant qui les remit dans les eaux du navire en feu ; le canot s'en approcha de si près, qu'une de ses voiles s'enflamma subitement avant qu'on eût eu le temps de l'amener : ainsi cet effroyable incendie poursuivait les naufragés jusque dans leur dernier retranchements. Quelques coups d'aviron éloignaient les embarcations de quelques brasses loin du navire ; mais le courant les reportait avec rapidité vers le *Goéland* enflammé.

Vers dix heures du soir le grand mât s'éteignit dans la mer, sa chute produisit une commotion dont le bruit effraya profondément tous les naufragés. On avait laissé sur le *Goéland* ,des animaux de plusieurs espèces : des moutons, des chèvres, des porcs, des chats et des chiens; à mesure que le feu gagnait leur retraite on entendait des hurlements affreux.

Le silence le plus profond régnait sur les embarcations ; les naufragés étaient terrifiés.

Vers le matin, cependant, la pluie cessa, la tempête semblait se calmer, les naufragés reprirent courage ; ils étaient en tout quarante huit, chacun d'eux prit à son tour les avirons ; enfin après plusieurs heures de travail, l'eau qui était entrée dans les embarcations diminua.

Au soleil levé, les naufragés aperçurent la terre : cette vue ranima leur courage, et leur donna de nouvelles forces.

Une goêlette anglaise qui suivait la même route que les embarcations de sauvetage, les joignit, et reçut à son bord tous les naufragés, qu'elle débarqua à Calcutta le 21 août 1829.

BOMBARDEMENT

De Tanger et prise de Mogador par l'Escadre commandée par le prince de Joinville, de concert avec l'armée de terre commandée par le général Bugeaud (1845).

Dans le but d'assurer l'inviolabilité de la frontière algérienne du côté de la province d'Oran , le consul de France a Tanger avait adressé à l'empereur de Maroc de vives réclamations auxquelles il n'avait répondu que par des dénégations et des paroles évasives. Il avait demandé en outre qu'Abd-el-Kader, qui s'était réfugié sur les terres du Maroc, fût interné dans l'intérieur de l'empire avec sa famille et ses adhérents, pour y être soumis à une surveillance qui le mît hors d'état de continuer ses intrigues et de parvenir à troubler l'Algérie.

Aucune satisfaction ne fut obtenue à ce sujet.

Un *ultimatum* fut immédiatement signifié par le consul-général de France, M. de Nyon, au gouvernement marocain; il fut porté le 26 juillet à Larache et remis au pacha de cette ville pour être transmis à l'empereur : un délai de huit jours avait été accordé pour attendre une réponse; si à cette époque Abd-er-Rahman, qui était à Fez, ne s'était pas expliqué, d'une manière catégorique, sur les satisfactions et les garanties que la France était en droit d'exiger au sujet d'Abd-el-Kader, le prince de Joinville devait mettre à la voile le 2 août, de Cadix, avec toutes ses forces, pour agir contre les places maritimes de Tanger, Mogador, Larache et Rabbat.

Le 4 août, arriva la réponse du pacha de Larache, au nom de l'Empereur; elle était si vague, si obscure, qu'il était évident qu'on ne voulait pas accéder à ce qui était demandé. Le prince de Joinville ne crut pas devoir accepter cette réponse, et il se décida à attaquer Tanger.

Le 6 août, à deux heures du matin, le branle-bas eut lieu à bord de l'escadre française qui avait, la veille, mouillé sur rade. Dès trois heures, toute la division se mit en mouvement dans l'ordre suivant. Le bâtiment à vapeur le *Veloce* fut prendre à la remorque le vaisseau le *Jemmapes*, dont les embarcations jetèrent les grappins au large et qui, peu après, fit face. Le *Suffren*, monté par le prince de Joinville et remorqué par le *Gassendi*, se plaça sur la même ligne que le *Jemmapes* et porta son mouillage, par six brasses et demie, au poste le plus rapproché des batteries ennemies.

Pendant que ces deux vaisseaux s'embossaient devant laville, le *Triton* était venu se placer en arrière et à gauche, de manière à battre les portes de la ville défendues par un fort. La frégate la *Belle-Poule*, les bricks le *Cassard* et l'*Argus* étaient placés pour combattre les forts bordant la côte. Tous les bâtiments à vapeur formaient une seconde ligne en arrière, de manière à protéger et secourir les bâtiments et à exécuter les ordres le plus promptement possible. Les forts et les batteries ennemies étaient prêts à faire feu et n'attendaient que le mouvement d'attaque des Français. A neuf heures, l'amiral donna le signal qui fut appuyé par un coup de canon d'honneur. Tous les vaisseaux lâchèrent aussitôt leurs bordées et hissèrent le pavillon français à la tête de tous les mâts.

Pendant une heure environ le feu fut vif de part et d'autre; mais l'ennemi, dont le principal fort démantelé en moins d'une heure, avait toutes ses pièces ensevelies sous les décombres, ralentit alors le sien : quelques petits forts dé-tachés continuèrent seulement à tirer. L'escadre française cessa momentané-ment le feu pour voir les désastres causés à l'ennemi et faciliter le pointage. On s'aperçut alors qu'il ne restait plus des forts et batteries qui bordent la ville que les décombres sur lesquels étaient encore quelques pièces abandonnées. A onze heures les forts ne ripostant plus, l'amiral fit cesser entièrement le feu. Une grande quantité de Kabyles, n'entendant plus tirer, sortirent des mamelons où ils s'étaient cachés et arrivèrent sur le rivage, croyant probablement à un débarquement. Mais le brick l'*Argus* les laissa s'approcher et leur envoya sa bordée chargée à mitraille : l'ennemi disparut de partout.

A cinq heures du soir, toute la division était ralliée au mouillage au milieu des plus vives acclamations. Soixante-dix bouches à feu, sur les cent-cinquante qui défendaient la place, avaient fait un feu nourri et bien dirigé. De ces soixante-dix pièces, il n'en restait plus que cinq ou six en batteries : le vaisseau amiral le *Suffren* avait reçu quarante-neuf boulets dans sa coque; il avait tiré seize cent cinquante boulets contre les Marocains. La division espagnole, un vaisseau anglais et une frégate anglaise, des bâtiments de guerre sardes, suédois et américains assistaient à cette brillante journée. Les Espagnols, Sardes, Suédois, Américains priren^t sincèrement part à la joie de la division victorieuse. Les Anglais seuls affectèrent une impassibilité qui n'était que du dépit mal caché. Dès le matin, ils avaient laissé tomber leurs voiles en bannière et hissé leur plus petit pavillon.

D'après les dispositions mises à exécution dans la journée du 7, l'escadre fut en mesure de reprendre immédiatement la mer pour continuer, sur la côte occidentale du Maroc. ce qu'elle avait si bien commencé à Tanger.

Pendant ce temps le général Bugeaud faisait diversion par terre, et surveillait l'armée marocaine sur laquelle il remporta une victoire complète; cette action, appelée la bataille d'Isly, est un de nos plus beaux faits d'armes; la déroute de l'ennemi fut complète. Il était midi, la chaleur était grande, les troupes de toutes armes étaient très fatiguées; il n'y avait plus de bagages ni d'artillerie à prendre, puisque tout était pris; la poursuite cessa et les troupes furent ramenées au camp du sultan. Le maréchal Bugeaud prit possession de la tente du fils de l'empereur où étaient réunis 18 drapeaux pris sur l'ennemi, 11 pièces d'artillerie, le parasol de commandement et une foule d'autres trophées. Les Marocains avaient laissé sur le champ de bataille plus de 800 morts, presque tous de cavalerie, et plus de 2,000 blessés : l'infanterie, qui était peu nombreuse, s'était échappée en très grande partie à la faveur des ravins. Les Français avaient eu 150 morts ou blessés.

L'armée marocaine s'élevait à 30,000 hommes, dont 25,000 de cavalerie et 11 pièces de canon : l'armée française était de 8,000 hommes d'infanterie, de 1,400 chevaux et 16 pièces de canon.

Le lendemain du jour où l'armée de terre remportait cette brillante victoire, l'escadre française se couvrait de gloire à Mogador où s'était rendu le prince de Joinville après avoir canonné Tanger.

Elle arriva devant Mogador le 11 août. Là l'attendaient diverses difficultés. Pendant quatre jours, la violence des vents et la grosseur de la mer empêchèrent les navires de communiquer entre eux. Mouillées sur des fonds de rochers,

les ancres monstrueuses des vaisseaux de ligne, pesant 8,000 livres, leurs énormes chaînes se brisaient comme de faibles grappins et leur enlevaient des ressources indispensables pour atteindre leur but. Tel navire n'avait plus qu'une chaîne et une ancre, et encore celle-ci privée d'une de ses pattes.

Dans cette situation, les navires ne pouvaient songer à se maintenir devant Mogador à la voile. La violence des courants et la brise les eût entraînés sous le vent, et ils auraient probablement perdu l'occasion d'agir. De plus, en faisant appareiller les vapeurs avec eux, ils auraient épuisé leur combustible; en les laissant seuls, ils les exposaient à manquer de vivres et d'eau : ils étaient dès lors forcés de rester au mouillage.

Enfin, le 15, le vent s'apaisa, et il ne resta plus de la tourmente des jours précédents, qu'une grosse houle de nord-nord-ouest. Dans l'après-midi, une faible brise se fit et on mit à la voile pour attaquer.

Les trois vaisseaux le *Triton*, le *Jemmapes*, le *Suffren*, vinrent d'abord au mouillage. Le *Triton*, capitaine Bellenger, en tête, conduisant l'escadre et s'avançant sous le feu de toutes les batteries ennemies, laissa tomber son ancre à 700 mètres de la place sans riposter à ces coups. Venaient ensuite le *Suffren* et le *Jemmapes*.

Le *Jemmapes* et le *Triton* se placèrent en face des batteries de l'ouest de la ville, ce dernier prenant à revers les batteries de la marine. Le *Suffren* prit poste dans la passe du nord, battant d'écharpe les deux batteries de la marine, et, de front, le fort rond situé sur un îlot, à l'entrée de la passe, tandis que, avec ses pièces de retraite, il répondait à une batterie de l'île dont le feu d'enfilade l'incommodait.

Cet embossage délicat sous le feu de l'ennemi se fit sans qu'aucun des vaisseaux daignât y répondre. A deux heures, tous ouvrirent leur feu : la riposte de l'ennemi fut énergique et des obus habilement dirigés sur le vaisseau le *Jemmapes* lui causèrent des pertes sérieuses et de graves avaries. Mais enfin les batteries de la marine démantelées et ruinées par le feu des Français furent abandonnées, et celles de l'ouest pré sentant une quarantaine de pièces bien abritées derrière des épaulements en pierre molle de plus de deux mètres d'épaisseur, tinrent seules.

Une fois le feu des vaisseaux bien ouvert, ordre fut donné à la frégate la *Belle-Poule*, et aux bricks le *Cassard*, le *Volage* et *l'Argus* d'entrer dans le port : la frégate devait combattre les batteries de la marine et les bricks celles de l'île : de grosses carabines placées dans les hunes fusillaient à 600 mètres les canonniers marocains. Cette manœuvre hardie amena l'évacuation de ces batteries.

Alors commença un nouvel épisode de la bataille. Les bateaux à vapeur le *Gassendi*, le *Pluton* et le *Phare* avec 500 hommes de débarquement conduits par le capitaine de corvette Duquesne et le lieutenant-colonel Chauchard, entrèrent dans le port et prirent poste dans les créneaux de la ligne des bricks, joignant leur feu à celui des navires pendant que la flottille de débarquement se forma. A cinq heures et demie, cette flottille s'avança sous une vive fusillade : on sauta à terre avec enthousiasme, et gravissant à la course un talus assez raide, on enleva la première batterie. On s'y rallia : le prince de Joinville vint y rejoindre la colonne d'attaque.

De cette batterie, deux détachements partirent pour faire le tour de l'île, et débusquer trois à quatre cents Marocains des postes qu'ils occupaient dans les maisons et les batteries. On les poussa jusqu'à une mosquée où un grand nombre d'entre eux se réfugièrent : on enfonça les portes à coups de canon et on se précipita en avant : la résistance des Marocains fut des plus vigoureuses. On était engagé sous des voûtes obscures, au milieu d'une fumée épaisse qui empêchait de rien voir : il fallut livrer combat pied à pied, enfin les Marocains qui s'y étaient retranchés se rendirent au nombre de 140.

Le lendemain 16, l'œuvre de destruction qu'avait commencée le canon de la veille fut achevée : toutes les pièces furent enclouées ou jetées à bas des remparts, les embrasures démolies, les magasins à poudre noyés ; du reste, aucun ennemi ne s'opposa plus à cette opération : ils étaient tous en fuite, morts ou pris. Les Français étaient maîtres de l'île, du port; les batteries de la ville n'étaient plus à craindre : une garnison fut laissée sur l'ilot et le restant des troupes se rembarqua. Après leur départ, la ville restée sans défense fut prise par les Kabyles de l'intérieur, qui étaient venus pour la défendre et qui y mirent le feu, et pendant quatre jours la saccagèrent. Il ne resta de la belle Souerah qu'Abd-er-Rahman appelait sa ville chérie, que des ruines et des murs criblés de boulets et noircis par le feu. On s'attendait généralement à ce que le ministère, fort embarrassé des succès des armées de terre et de mer, n'accorderait pas même à ces braves des encouragements. Mais on se trompa : la modération avec laquelle il usa de sa victoire, calma les défiances et les alarmes de l'Angleterre, et des grandes récompenses honorèrent la bravoure des soldats et des marins français. Le maréchal Bugeaud, entre autres, fut nommé duc d'Isly, et reçut du roi des Français une lettre autographe des plus flatteuses.

FIN.

TABLE DES MATIÈRES.

Paris. — Imp. . . . . Rochette, boulevard du parnasse, 72.